ABECÉ

de puntos y puntadas

ABECÉ
de puntos y puntadas

Fabiana Marquesini

ATLANTIDA

Título
ABECÉ de puntos y puntadas

Autora
Fabiana Marquesini

Producción editorial
M&A Diseño y Comunicación

Marquesini, Fabiana
  ABECÉ de puntos y puntadas. - 1a ed. - Ciudad Autónoma de Buenos Aires. : Atlántida, 2013.
  112 p. ; 21x17 cm.

  ISBN 978-950-08-4251-8

  1. Tejido. 2. Manualidades. I. Título
  CDD 746.4

Fecha de catalogación: 12/08/2013

Copyright© 2012 HEDIFAM S.R.L.
Avenida Leandro N. Alem 1002, piso 5º, C.P. C1001AAS, Ciudad Autónoma de Buenos Aires, Argentina.
Copyright© 2012 Editorial Atlántida S.A.
Azopardo 579, C.P. C1107ADG,Ciudad Autónoma de Buenos Aires, Argentina.

Primera edición publicada por Editorial Atlántida S.A.

Para mí es un orgullo y una experiencia gratificante realizar este libro, en el que vuelco todos los conocimientos adquiridos a través del tiempo.

Me gustaría compartirlo con ustedes para que este ABECÉ de secretos esté siempre al alcance de sus manos y sea de permanente consulta a todas esas dudas que surgen en el momento de confeccionar una prenda.

Lo dedico a mi familia, que siempre me ha apoyado en todos los emprendimientos que he realizado.

A mi madre, que de sus viajes siempre me traía cortes de tela para motivar mi imaginación.

A mi marido, que es mi fiel compañero de la vida.

A mis hijos, que adoro con todo mi corazón y que han sido motivo de inspiración, ya que desde muy pequeños les realizaba la ropa.

No me quiero olvidar de mis compañeras del programa Puntos y puntadas, con las que he compartido momentos inolvidables.

Fabiana Marquesini

CAPÍTULO 1

LAS HERRAMIENTAS
y los equipos útiles
para la costura

Contar con el equipo adecuado y conocer lo que su máquina de coser y sus accesorios son capaces de realizar son dos puntos básicos para aumentar sus habilidades y contribuir al placer por la costura.

Pocas invenciones han sido de una utilidad tan amplia y han ofrecido tantas ventajas como las máquinas de coser.

Probablemente, la compra de una máquina de coser sea la inversión más importante que pueda realizar, más que cualquier otra herramienta de costura. Tomar la decisión de adquirir una, disponiendo de la información necesaria, permitirá adquirir la más práctica, usable y de larga duración. Existen muchas máquinas en el mercado, desde las que se operan en forma manual a las computarizadas y, como novedad, las eléctricas sin pedal. Las 5 funciones más importantes que debe poseer son:

- Costura recta
- Costura zigzag
- Pie libre
- Falso overlock
- Ojales

Aparte de la máquina de coser, es necesario contar con un determinado equipo básico de elementos de costura que les serán de gran muy utilidad y además las ayudarán a economizar tiempo.

Un excelente comienzo para cualquiera que desee iniciarse en el mundo de la costura es contar con un conjunto de herramientas para poder optimizar el trabajo.

ELEMENTOS PARA CORTAR

Una buena tijera constituye una inteligente inversión, facilitará el corte y hará que resulte más rápido y preciso. No se deben utilizar las tijeras de costura para otro fin que no sea cortar género, ya que se estropea su filo, éste muerde el tejido y los cortes resultan irregulares. La tijera debe mantenerse bien afilada y su corte debe ser suave a lo largo de toda la hoja. En el mercado podemos encontrar varios modelos, cada uno con una finalidad diferente:

Tijera para cortar género
Sus hojas tienen entre 18 y 23 cm de largo. En el ojo del mango inferior deben caber 3 o 4 dedos confortablemente (foto 1).

Tijera de bordar
Se utiliza no sólo para bordar, sino también para trabajos de costura, como cortar hilos y abrir ojales.

Tijera accionada por pilas
Se requiere un poco de práctica antes de que se pueda usar con precisión (foto 2).

Tijeras dentadas
Se utilizan para pulir márgenes de costura en géneros que no se deshilachan (foto 3).

Cortante rotativo
Es ideal para cortar todo tipo de tela, especialmente aquellas con mucho movimiento, como las sedas. El corte se debe realizar sobre una plancha de material especial, adecuada para esta función (foto 4).

ALFILERES

Los alfileres son de gran utilidad para sujetar dos materiales entre sí y así facilitar el trabajo. Pueden ser de bronce, acero inoxidable o acero. Según su función, son de diferentes tipos.

Los alfileres de modista son los comunes o con cabeza de perla (foto 5).

Para telas de encaje se utilizan los alfileres más cortos porque sostienen mejor la tela que es calada (foto 6).

Para telas con tejidos muy abiertos, los alfileres indicados son los de cabeza T, gruesos y largos (foto 7).

En otro orden, se encuentra el gancho de seguridad, ideal para pasar un elástico por una jareta (foto 8).

AGUJAS

En las mercerías existe una gran variedad de agujas, tanto para coser a mano como a máquina. Elegir la adecuada facilitará la tarea y asegurará la prolijidad.

Agujas para coser a mano

Las agujas para coser a mano tienen numeración del 2 al 12; las nº 2 son las más gruesas, y las nº 12 las más finas (foto 9). Hay paquetes de agujas surtidas de varios grosores, que resultan muy prácticos

Agujas agudas

Se utilizan para costura en general y bordado con canutillos (foto 10).

Agujas gruesas

Se utilizan para coser o bordar lana (foto 11).

Agujas curvas

Para coser acolchados y tapizados (foto 12).

Agujas de ensartar

Son mucho más largas y sirven para coser canutillos (foto 13).

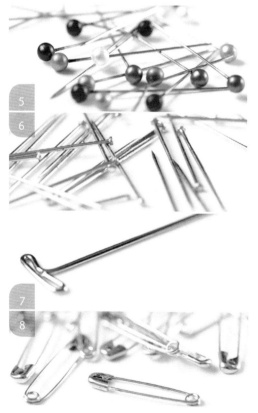

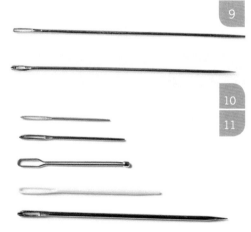

UTILISIMA

Agujas para coser a máquina

En las agujas de máquina los números más bajos corresponden a las más finas. Las agujas Nº 9 son las indicadas para coser telas como seda o gasa, ya que la punta es fina y no deforma la trama (foto 15). Las agujas Nº 11 —las más comunes— sirven para telas más gruesas, como algodón o batista (foto 16). Las Nº 14 pueden usarse en casi toda clase de telas y las agujas Nº 16 son ideales para coser telas gruesas como las de lana, tapicería y jean (foto 17).

Para las telas elastizadas, como Lycra, se deben utilizar las llamadas agujas "punta dorada" o "bolita", que no enganchan la tela.

Existen también las llamadas agujas gemelas, que se usan para decorar una prenda o realizar un ruedo en tela de punto.

12

13
14

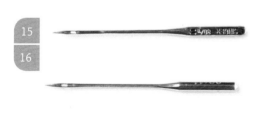

15
16

17

HILOS

Los hilos se utilizan tanto para coser a mano como a máquina y algunos son más fuertes que otros. La clase de hilo a utilizar dependerá del tipo de género con el cual se trabaje. Los hilos deben ser de colores firmes y se eligen al tono de la tela o de un color un poco más fuerte, nunca uno más claro.

Los tres principales tipos de hilos son: de algodón, seda y poliéster. De la mezcla de estos materiales se fabrican hilos más o menos gruesos, que tienen diferentes funciones y se encuentran en una amplia gama de colores.

Hilo de poliéster

Es firme y se usa en telas naturales y sintéticas porque es muy resistente (foto 18). Se puede emplear en casi todo tipo de género, pero resulta fundamental en fibras artificiales y géneros elásticos.

Hilo de algodón

Es recomendable para telas de algodón y de lana, porque al no tener nailon se adapta más a la tela (foto 19).

18 | 19

❀

13

Hilo de seda

Éste es el hilo indicado para coser telas delicadas, siempre acompañado de una aguja de máquina de punta bolita o redonda. Se encuentra en una gama de colores limitada. Se utiliza para coser géneros de pura seda y también telas finas y transparentes. Sirve para bordar a mano, debido al brillo especial que posee (foto 20).

Hilo de hilvanar

Se utiliza únicamente para este propósito. Es de algodón y posee una consistencia débil, lo que facilita su retirado cuando sea necesario. No se debe utilizar nunca en una máquina de coser, ya que se rompería con facilidad (foto 21).

Hilo de algodón mercerizado

Es ideal para telas de algodón, lanas y de hilo. Se utiliza tanto para coser a máquina como a mano. Se encuentra en diferentes grosores (foto 22).

Hilo metálico

Sirve para decorar una prenda y se los encuentra en color plateado y dorado. Se debe colocar sólo en la parte superior de la máquina de coser y no en la bobina, ya que el bordado debe quedar del derecho de la prenda (foto 23).

Hilo de nailon

Es un tipo de hilo muy fuerte, fino y transparente. Es difícil de anudar y sujetar. No es aconsejable utilizarlo en máquinas de coser familiares, ya que no queda una puntada firme. Se utiliza para lograr efecto invisible (foto 24).

Hilo de bordar

Viene en diferentes grosores y una infinidad de colores. Según el grosor, se utiliza para bordados a máquina o a mano. Para bordar a máquina se debe utilizar el hilo de bobina. En cambio, para bordar a mano se utiliza el hilo de madeja (foto 25).

UTILISIMA

ELÁSTICOS

Los elásticos son materiales generados por hilos entretejidos con Lycra o goma. Estas cintas elásticas se presentan en una gran variedad, en función de su uso y aplicación.

Elástico plano o acordonado

Este tipo de elástico es el más común, que generalmente va dentro de una costura (foto 26).

Elásticos decorativos

Son los que quedan a la vista, resultan ideales para prendas de lencería, ya que son suaves y blandos (foto 27).

Existe una gran variedad de elásticos, según su finalidad, medida y tipo de tejido:

Cordón elastizado

Tiene forma de cordón, pero es totalmente elástico. Se utiliza para ajustar cinturas y puños en forma decorativa (foto 28).

Cordón con elástico

Este tipo de elástico posee un cordón en su parte central. Se utiliza en pantalones deportivos o mallas de varón (foto 29).

Elástico con ojales

Sirve para ajustar o desajustar prendas. Se lo encuentra especialmente en ropa infantil o para futura mamá (foto 30).

Elástico de encaje

Es ideal para ropa interior (foto 31).

Elástico quebrado

Se coloca en el borde de ropa interior o en puños de buzos (foto 32).

Elástico con picot

Da terminación a una prenda (foto 33).

26

27

29

30

31

32

33

15

MATERIALES PARA MARCAR LA TELA

Para transferir un patrón o molde a la tela se pueden utilizar distintos tipos de marcadores textiles. La elección para lograr dicha tarea tiene que ver con preferencias personales y también con el color de la tela. Hay marcadores de varios tipos y colores, y se debe seleccionar aquel que logre resaltar en el tejido.

Tiza de sastre o de cera

También conocida como tiza de cera. Marcan líneas finas que desaparecen de las telas al plancharlas. Esta tiza se encuentra en varios colores. Es conveniente que los bordes sean finos para que la marca sea delicada; se puede afilar el borde con un cuchillo para evitar que sea demasiado gruesa. Se encuentran en varios colores. (foto 34).

Jabón

Es el mejor marcador y el más económico. Para obtenerlo, dejar secar los restos de jabón (foto 35).

Lápiz de sastre o modista

Está formulado para que se borre con el lavado, es ideal para la mayoría de las telas sintéticas y naturales (foto 36).

Lápiz marcador líquido

Se utiliza para marcar cueros (foto 37).

Rueda de marcar con carbónico

Se debe colocar la tela con el revés hacia arriba, luego el carbónico con la cara que traspasa hacia abajo, superponer el Patrón o Molde. Pasar la Rueda, marcando el molde y sus detalles (foto 38).

IMPORTANTE: si la tela a marcar es de color claro, antes de utilizarlo probar que la marca del carbónico salga con el lavado.

RIBETES Y CINTAS

Este tipo de accesorios son útiles para adornar y dar terminación a una prenda o manualidad. En algunos casos se las utiliza para realizar flores o moños con volumen. La mayoría de las cintas pueden coserse a mano o a máquina, aunque algunas tienen que coserse sólo a mano. Se debe aplicar el tratamiento de preencogido a los ribetes que se utilizarán en prendas que tendrán un lavado casero. Para ello, lavarlas antes de utilizar y planchar.

En el mercado se encuentra una gran variedad de cintas y ribetes:

Cintas al bies
Es una de las cintas más empleadas debido a sus múltiples usos. Se puede utilizar en vistas, jaretas o como adorno. Hay variedad de colores y en algunos lugares se las puede encontrar estampadas (foto 39).

Cinta al bies de raso
Se fabrica en una sola medida y está realizada en tela de raso, que da elegancia a la prenda (foto 40).

Cinta de encaje
Hay de diferentes anchos y se utiliza para el acabado decorativo de dobladillos, o para crear entredós en casi todos los tipos de tela. Se llama entredós cuando la cinta se cose entre dos telas (foto 41).

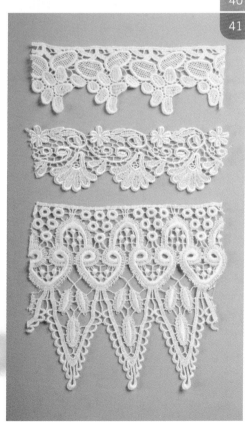

40

41

39

17

Cinta de organza

Es fundamentalmente decorativa. Generalmente se utiliza en prendas elegantes o para dar prestancia a una prenda (foto 42).

Cinta de terciopelo

Se aplica cuando se desea adornar una prenda de invierno; también se utiliza para carteras, bolsos y cinturones (foto 43).

Cinta Jacquard

Es una cinta muy decorativa, posee un diseño central y se usa como adorno (foto 44).

Cinta de lentejuelas

Las lentejuelas están enhebradas formando una tira, ésta se puede coser a mano o a máquina (foto 45).

Cinta de broderie

Es una cinta de algodón, bordada y calada. Puede utilizarse para dar terminación sobre un solo lado de la prenda (foto 43.

Cinta gros

Es una cinta rígida y fuerte, su textura está formada por cordones verticales. Se utiliza para pretinas.

43
44
45
46

42

ENTRETELAS

La entretela es una tela que se coloca en la parte interna de la prenda y queda escondida. Generalmente se aplica en cuellos, puños, pretinas, vistas, ojales, ya que refuerza, mejora y mantiene la apariencia de la prenda y ayuda a conservar la forma que se desea dar.

En el mercado se puede encontrar una gran variedad de entretelas; siempre se debe elegir la más adecuada al tejido que se va a utilizar. Para telas transparentes, lo mejor es utilizar un corte de la misma tela como entretela.

Este tipo de tela se fabrica en diversos grosores, desde finas hasta gruesas y, por lo general, sus colores son blanco, gris, beige y negro.

Las entretelas también se pueden adquirir precortadas (red fusionable), que resultan ideales para carteras de camisas.

El ancho de la entretela puede ser de 90 cm o 1,20 m, y se dividen en dos grandes grupos:

- Entretelas tejidas
- Entretelas no tejidas

Tanto las tejidas como las no tejidas se consiguen en dos versiones:

Las entretelas tradicionales que se cosen y que requieren mayor trabajo manual, se utilizan en la sastrería.

Las entretelass termoadhesivas —que se pegan con calor—, que de un lado tienen un revestimiento que en contacto con la plancha se adhiere y funde la entretela en el revés de la tela (foto 47).

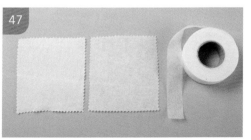

47

INSTRUMENTOS PARA TELAS Y COSTURAS

Hay algunos elementos como los que se detallan a continuación, que simplifican el trabajo, permiten ahorrar tiempo y contribuyen a dar una mejor terminación.

Gancho para dar vuelta presillas

Posee un alambre metálico delgado, que se desliza con facilidad en un angosto tubo de tela, y permite darlo vuelta hacia el lado del derecho. Es ideal para dar vuelta breteles extremadamente finos (fotos 48 y 49).

Alfiletero

Se emplea para mantener recogidos y a mano las agujas y alfileres, así podrán ser fácilmente localizables para su utilización. Pueden ser tipo imán o tipo almohadilla (foto 50).

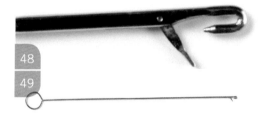

48

49

50

Doblador de bies

Este elemento se utiliza juntamente con la plancha. Su función es plegar una tira cortada al bies, aplastándola al salir por el extremo angosto. De esta manera se puede crear un bies de la misma tela que la prenda (foto 51).

Abridor de ojales

Posee un filo que facilita la apertura de ojales y de las costuras (foto 52).

Útiles para medir

El centímetro, la escuadra y la regla se utilizan para tomar medidas corporales, realizar los moldes y llevar a cabo cualquier ajuste que sea necesario (foto 53).

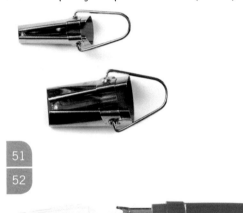

51

52

53

PIES DE MÁQUINAS O PRENSATELAS

Toda máquina de coser posee accesorios que permiten ejecutar una gran variedad de costuras. Algunos, de uso corriente, vienen incorporados en la máquina, como el pie para zigzag, el pie de cierre y el pie ojalador. Otros se deben adquirir aparte, pero son altamente recomendados porque están diseñados para ahorrar tiempo y trabajo en ciertos tipos de costuras especiales.

En el manual de la máquina se explica cómo colocar los diferentes accesorios y pies.

Pie para zigzag: Es el prensatela más versátil. Se utiliza para zigzag, costura recta y trabajos en general (foto 54).

Pie fruncidor: Es un pie de máquina especial para realizar frunces en la tela (foto 55).

Pie para dobladillo enrollado: Este prensatela sirve para coser dobladillos enrollados, con zigzag o costura recta. La ondulación que posee permite afirmar un dobladillo con un ancho constante (foto 56).

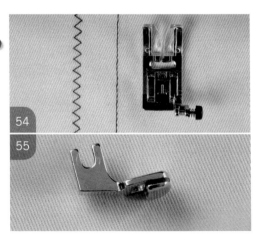

54

55

Pie de cierre relámpago: Se utiliza para pegar cierres, coser bies con cordón y pespuntear cualquier costura que esté más abultada de un lado que del otro. Se puede ajustar a cualquier lado de la aguja (foto 57).

Pie de cierre invisible: Sirve para coser cierres invisibles sin que se note la puntada ni el cierre (foto 58).

Pie de ojal: Realiza ojales en 1 o 4 pasos, según la máquina. Siempre se debe tener en cuenta la medida del botón (foto 59).

Pie de overlock: Sirve para coser prendas de modal, e imita la puntada de la máquina overlock (foto 60).

Pie para coser botones: Este pie tiene la función de sujetar los botones para coserlos a máquina con puntada zigzag; permite ahorrar tiempo cuando hay que colocar varios botones (foto 61).

Pie de ruedo invisible: Este pie sólo es recomendable para telas gruesas, tipo telar. Es una alternativa para no hacer el ruedo a mano (foto 62).

Guía para acolchados: Se ajusta para poder coser cerca de una costura anterior en forma paralela y separada. Es utilizada especialmente en acolchados (foto 63).

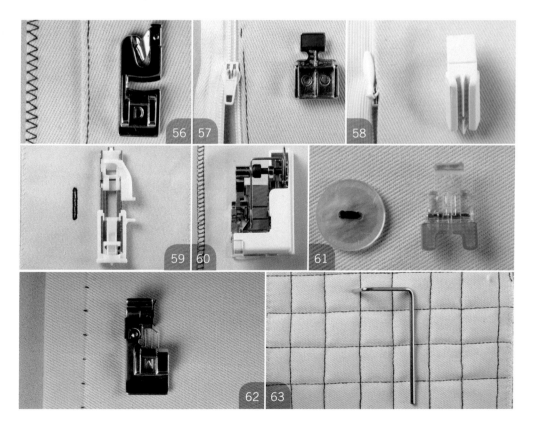

CAPÍTULO 2

TELAS

L a tela es una estructura laminar flexible, resultante de la unión de muchos hilos o fibras que de forma coherente se entrelazan de manera regular y alternada, para formar una hoja o lámina. Pueden ser tejidas en el telar o estar formadas por series alineadas de puntos o lazadas hechas con un mismo hilo. Los hilos o fibras pueden ser naturales o artificiales y su combinación ofrece géneros, que se clasifican según su elasticidad.

TELAS SEGÚN SU ELASTICIDAD

Hay dos grandes grupos de telas, según su elasticidad:
- Tela plana (no cede)
- Tela de punto (cede)

Telas planas

Están constituidas por dos hileras de hilos, una vertical y otra horizontal. A los hilos verticales –que van a lo largo de la tela– se los llama urdimbre, y a los hilos horizontales –que forman el ancho de la tela– se los llama trama. A los costados de la tela se encuentran los orillos, que son más gruesos que el resto de la tela y no se deshilan; van paralelos a la urdimbre.

Esta clase de telas se pueden coser en máquina familiar. Algunos ejemplos de estas telas son la gabardina, la batista y el corderoy (foto 64).

Telas de punto o tejidas

Están constituidas por bucles de hilo enlazados entre sí, que forman mallas.

Los moldes para realizar prendas con este tipo de telas deben estar preparados específicamente.

Algunos ejemplos de telas de punto son el jersey, el polar, el deportivo frisado y el modal.

Existen agujas especiales para coser este tipo de género; son las llamadas punta bolita, y no dañan el tejido. Existen tres formas diferentes de coser el tejido de punto.

La más efectiva es la costura con máquina overlock, también se puede lograr en máquina familiar, pero con puntada símil overlock. En caso de que la máquina no cuente con este tipo de puntada, se puede reemplazar por un zigzag pequeño (foto 65).

Cada tipo de tejido posee una complicada elaboración y, con el paso de los años, sus componentes y sus nombres van cambiando. Las telas que se detallan a continuación –tela de algodón, tela de lana, tela de lino y seda, telas sintéticas– son las que toda persona que desee coser necesita conocer, ya que son las básicas para emprender un trabajo.

64

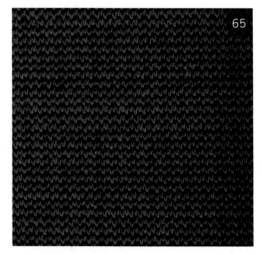

65

Telas de lana

Están constituidas por fibras naturales que se obtienen del pelo de oveja, cabra o alpaca. Poseen diferentes pesos, texturas y tejidos. Generalmente se deben limpiar a seco y sus peores enemigos son el calor, como la plancha en forma directa, el agua caliente, y las polillas. Las telas de lana más comunes son:

- Lana para abrigos
- Cachemira
- Mohair
- Rústico
- Lana doble

Tela de algodón

Se encuentra dentro de las telas más populares y tradicionales. Es económica, resistente al lavado y ofrece muchas ventajas para su conservación. Es un material natural, varía su calidad según el grosor de su trama y puede ser con o sin pelo. Para que estas telas resulten más durables y tengan menor probabilidad de arrugarse, se les suele agregar otros componentes, por ejemplo fibras.

Algunos ejemplos son:

- Gabardina
- Linón
- Broderie
- Piqué
- Cloqué
- Viyela
- Corderoy
- Plumetí

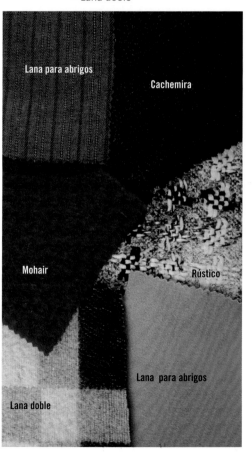

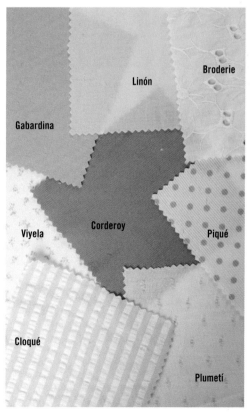

Telas sintéticas

Están realizadas con fibras artificiales; no son absorbentes, pero si duraderas, antiarrugas y resistentes. Algunos ejemplos son:

- Acrílicos
- Gasa tornasolada
- Gasa cristal
- Jersey
- Flock
- Raso
- Lycra
- Polar frisado
- Malla de red o tul

Telas de lino y seda

Ambas derivan de fibras naturales y existen en una gran variedad de peso y calidad. Ejemplos:

- Lino
- Tafetas
- Muselina
- Organza
- Seda lavada
- Georgette
- Shantung

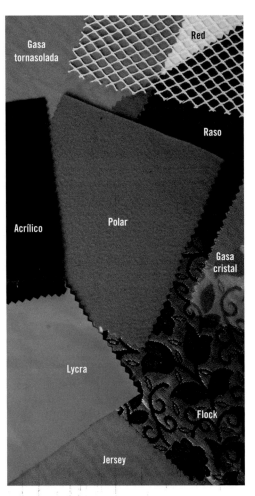

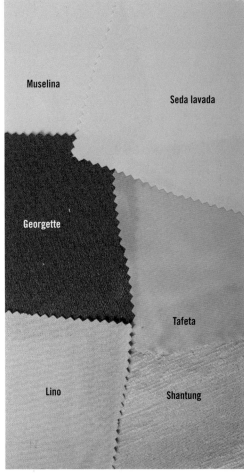

MODO CORRECTO
DE CORTAR UNA TELA

Para lograr una prenda de excelente calidad y terminación, se debe realizar un buen corte de tela, una adecuada costura y un molde sin errores. Hay dos maneras de cortar las prendas: al hilo o al bies.

Corte al hilo

Una prenda siempre se debe cortar al hilo. Esto evitará que las mismas se enrosquen.

Paso 1: Para realizar este corte, se debe hacer coincidir el orillo del molde con el doblez de la tela. Para ello, doblar la tela a lo largo, por la mitad, enfrentando derecho con derecho. Es importante que el molde tenga marcado el hilo de la tela para que el corte sea perfecto (foto 66).

Paso 2: Ubicar las piezas del molde, como indica la figura, paralelas al orillo y cortar con la tela doble. Los moldes siempre representan el lado derecho. Cuando se colocan sobre la tela doble, se cortan al mismo tiempo el derecho y el izquierdo, salvo indicación contraria, por ejemplo en prendas asimétricas, donde la tela se coloca simple y el derecho hacia arriba. Marcar contornos y detalles como las pinzas (foto 67).

Corte al bies

Este tipo de corte sólo se realiza cuando lo requiere la prenda, hace que se amolde al cuerpo sin ajustar ni ceder. Es ideal para realizar camisolines en satén.

Paso 1: Se debe doblar la tela de tal manera que forme un ángulo de 90 grados, entre la trama y la urdimbre (foto 68).

Antes de hacer el ruedo de las prendas cortadas al bies, es conveniente dejarlas 24 horas colgadas, ya sea con broches o sobre un maniquí, para que se estire. Emparejar luego el ruedo, desde el piso hacia arriba.

Nota: es importante dejar siempre 1 cm de margen para realizar la costura. Antes de cortar cualquier tela, de debe lavar y planchar porque suelen encoger, especialmente las telas de algodón.

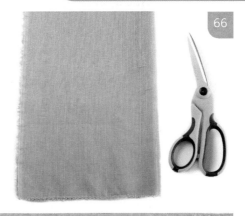

66

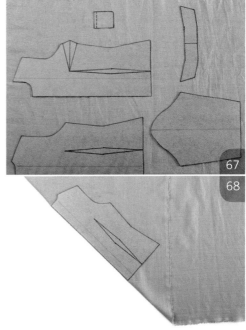

67

68

27

SENTIDO DE LAS TELAS

Se debe conocer el sentido de las telas para que en la confección quede parejo su brillo.

Telas estampadas con pelo

En esta clase de telas, todos los moldes se deben colocar sobre ella en el mismo sentido; por ejemplo, ubicar los bordes inferiores de cada pieza del molde hacia el mismo lado. En el caso de las telas con pelo, como el terciopelo o el corderoy, se debe acariciar el derecho de la tela. Hacia un lado se notará la textura suave, y hacia el lado contrario se notará el contrapelo.

En algunas gabardinas o rasos el brillo que tienen es diferente en uno u otro sentido.

La mayoría de los estampados, aunque cueste advertirlo a primera vista, también tienen una orientación (foto 69).

Telas a cuadros

Se debe tener especial cuidado al cortar prendas con este tipo de estampados, ya que es necesario que los cuadros coincidan, sobre todo en las costuras largas y más visibles. Por lo tanto, seguramente, hará falta una mayor cantidad de tela (fotos 70 y 71).

69

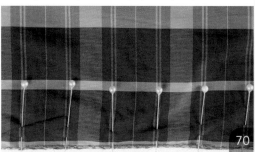

70 71

UTILISIMA

Telas con rayas

Pueden ser verticales u horizontales. En el primer caso, es fundamental que el hilo de cada molde coincida con una raya, especialmente si tiene alguna raya más destacada que otras.

Si la tela posee rayas horizontales, en la prenda terminada quedarán en ese sentido. Los cuellos y puños se cortan paralelos a las rayas. Las telas con estas rayas son aconsejables para personas delgadas, ya que dan la sensación de que ensanchan la figura (fotos 72 y 73).

Telas de piel

El corte de estas telas es diferente al resto, ya que se debe respetar el pelo para que no se note el corte.

Paso 1 Colocar el pelo, (o tejido) hacia arriba, tizar y cortar con tijera de bordar sólo el cuero o la tela, teniendo mucho cuidado de no cortar el pelo. Una vez cortado, separar los pelos al retirar la pieza (foto 74).

Telas de seda y gasas

Por tratarse de tejidos livianos y sedosos, estas telas son resbaladizas. Para evitar que se deslicen, se debe colocar la tela sobre una sábana o tela de algodón, y después cortar (foto 75).

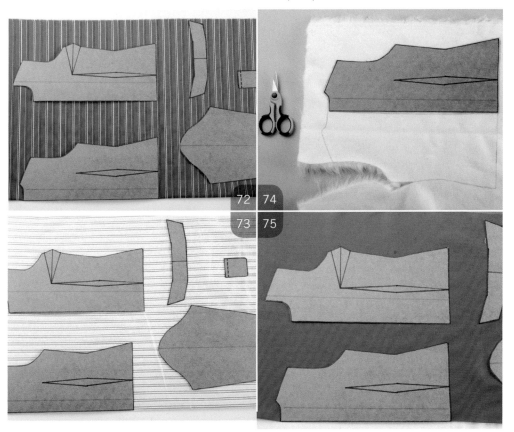

72 74
73 75

CAPÍTULO 3

COSTURAS
y terminaciones
de prendas

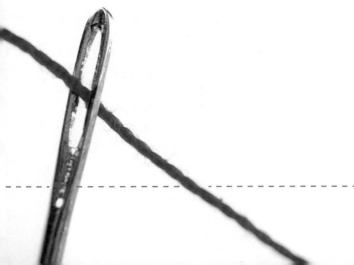

DIFERENTES FORMAS DE REALIZAR DOBLADILLOS

El dobladillo es la terminación realizada en los bordes inferiores de prendas, cortinas o mangas. Por lo general se puede coser a MANO o a MÁQUINA. Para ello existen muchos métodos para realizarlo, pero siempre se debe elegir el que se adapte al grosor de la tela y al diseño seleccionado.

Terminación a mano

Hay muchas maneras de hacerlo, pero la más utilizada se denomina "dobladillo básico", que se realiza con una costura vertical. Lo primero que se debe hacer es marcar el ruedo enfrentando revés con revés, asentar con la plancha y realizar un pequeño doblez a 1cm del borde, para darle mejor terminación. Pasar la aguja por el borde del dobladillo, dejando el nudo trabado. Tomar un solo hilo de la tela de la prenda, justo encima del lugar por donde sale el hilo, y tirar. Luego pasar la aguja por debajo del doblez en ángulo, a una distancia de 1 cm. Repetir los movimientos tantas veces como sea necesario (fotos 76 y 77).

Terminaciones a máquina

Dobladillo con el pie dobladillador: ver página 20, (foto 55) "utilización de pies".
Este pie se utiliza para hacer dobladillos en telas finas y medianas (foto 78).
Ventajas: es rápido para recorridos largos, por ejemplo, faldas campana o al bies.
Se puede realizar con costura recta y con zigzag.
Desventajas: este pie no se puede utilizar cuando hay una costura de unión, por ejemplo, laterales de faldas.

Dobladillo con cinta al bies:

Se utiliza en prendas elegantes y largas, como faldas o vestidos de fiesta, donde el recorrido del ruedo es muy extenso, por ejemplo, modelo campana o doble campana (fotos 79 y 80).
Para ello enfrentar derecho del bies con derecho de la tela y coser sobre la línea de plancha que viene de fábrica en el bies, haciendo coincidir los bordes de prenda y bies. Luego realizar un doble doblez en el bies sobre el revés de la prenda, y coser a mano con puntadas invisibles.

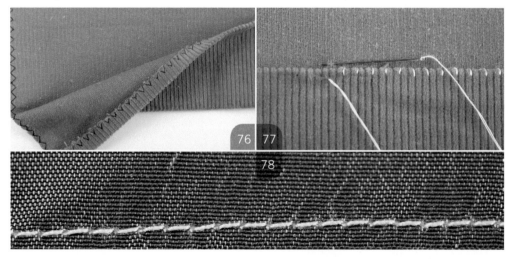

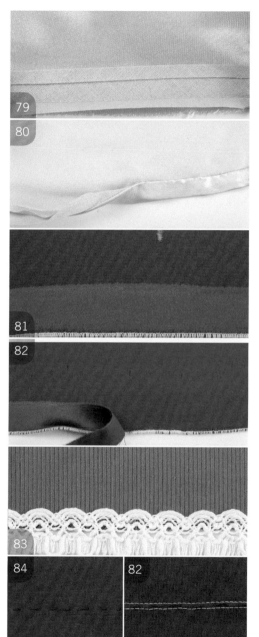

Dobladillo con zigzag simulando cordón:

Doblar el ruedo 1,5 cm y pasar un zigzag en el borde externo, tomando parte de la tela y parte de aire. Cortar el excedente que se encuentra del revés, con tijera de bordar. Utilizar el pie común (fotos 81 y 82).

Dobladillo con puntilla:

El dobladillo se puede reemplazar por una puntilla, que se cose con hilo al tono y puntada zigzag. Cortar el sobrante de tela (foto 83).

Dobladillo con doble aguja:

Se utiliza para ruedos de remeras en telas de punto; impide que el hilo se corte y da flexibilidad de movimiento. Coser sobre el derecho de la prenda, realizando previamente un hilván de sujeción.

Se deben colocar dos carreteles de hilo en la parte superior de la máquina de coser, y es recomendable utilizar hilos de algodón y poliéster (fotos 84 y 85).

Como hacer un dobladillo en cuero:

Para obtener un ruedo de 5 cm de alto, sobre el revés de la tela se debe marcar una línea paralela al borde, a 10 cm de éste.

Extender una capa de cola sobre el revés del cuero, hasta llegar a la marca de los 10 cm. Doblar el ruedo por la mitad hacia adentro (hasta llegar a la marca) presionar con las manos y luego con un objeto plano (madera). Dejar secar. Si el ruedo posee un poco de curva, realizar pequeños cortes para acomodar la telar (fotos 86 y 87).

CÓMO COSER DIFERENTES TEXTURAS DE TELA

Telas sintéticas: en las telas plásticas, de vinilo o gamuza el pie de la máquina se suele pegar; para solucionar este problema es aconsejable utilizar:
• El pie rodante
• Colocar gotas de aceite sobre la línea de costura (en telas plásticas) e ir quitándolo con un algodón.
• Pie de teflón
• Papel manteca
No usar alfileres, ya que perforan visiblemente la tela. Reemplazarlos por cinta adhesiva o ganchos (foto 88).

Cómo coser piel sintética: lo primero a tener en cuenta es la dirección del pelo (siempre hacia abajo). Luego, enfrentar los derechos y sujetar con alfileres. Peinar los pelos hacia el interior de la pieza. Coser en zigzag a máquina con puntada corta y ancha, de modo que los bordes queden cubiertos. También se puede coser a mano (fotos 89, 90 y 91).

Cómo coser telas de red: Intercalar las telas entre capas de papel manteca o tisú como se ve en la foto y coser; así se evita que resbale. Una vez terminada la costura quitar el papel (foto 92).

Cómo coser sedas: Para esto es necesario utilizar agujas punta bolita y regular la tensión de la máquina de coser (fotos 93y 94).

Cómo coser encaje o guipur: Por las características que presenta este tipo de género, es necesario un tratamiento especial en la unión de las costuras. Las costuras y pinzas convencionales se deben reemplazar por uniones invisibles que permitan conservar el dibujo original. La puntada será sencilla realizada con un pequeño surfilado (foto 95).

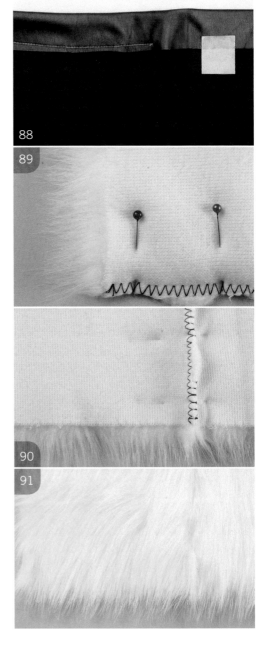

TÉCNICAS DE COSTURA

Costura francesa

Es apropiada para telas transparentes, ya que el sobrante de la costura se trasluce. De esta manera se logra mayor prolijidad y pulcritud en la prenda.

Cortar las piezas con 2 cm de margen de costura. Estas telas no se pueden marcar con tiza, por lo tanto en caso de necesidad, pasar un hilván de marca. Enfrentar revés con revés y coser a 1 cm del borde. Reducir el margen de costura a 3 mm. Asentar con la plancha, dar vuelta enfrentando los derechos y coser a 1 cm.

Importante: en sectores curvos reemplazar la costura francesa, por una tira al bies de la misma tela. Esta costura no se puede utilizar en prendas muy ajustadas, porque en telas tan livianas, la puntada suele abrir las telas (fotos 96, 97, 98 y 99).

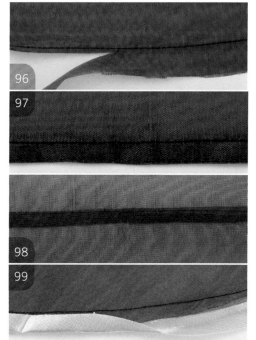

Breteles angostos

Este tipo de breteles se utiliza en prendas finas, realizadas en sedas, rasos y gasas.

Para realizarlos, cortar una tira al bies de 5 cm de ancho por el largo deseado. Doblar por la mitad enfrentando los derechos y coser a 4 mm del borde. Rebajar el excedente de costura a 3 mm.

Métodos para dar vuelta el bretel:

• Con ayuda del gancho específico para tal función.

• Tomar una aguja de coser lana, enhebrada con un hilo de bordar, corto. Hacer unas puntadas en un extremo y pasar la aguja (primero el ojo) dentro del bies hasta llegar al otro extremo. Tirar suavemente y dar vuelta, dejándolo del derecho.

Importante: Los breteles de más de 2 cm de ancho se cortan al hilo (fotos 100, 101 y 102).

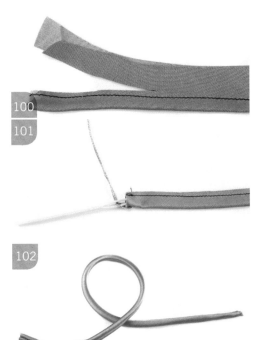

Cómo coser curvas cóncavas y convexas

Este tipo de costuras se realizan en mangas, cuello, bolsillos, etcétera. En ambos casos se deben enfrentar los derechos, uniendo los bordes, y coser.

En el caso de curvas convexas, realizar muescas, teniendo la precaución de no cortar la costura, para que al dar vuelta el trabajo se acomoden los excedentes de tela sin encimarse.

En el caso de curvas cóncavas, con pequeños cortes será suficiente (fotos 103 y 104).

Como coser un ángulo de 90 grados

Para hacer una costura derecha, utilizar el borde del pie de máquina como guía. Coser en dirección al ángulo de 90º, detenerse 1 cm antes del borde y clavar la aguja sobre la tela. Levantar el prensatela (con la aguja clavada), girar la tela en torno de la aguja, bajar el prensatela y seguir cosiendo. Cortar la punta en diagonal, para evitar la superposición de telas al dar vuelta.

Si los 90º se encuentran en forma invertida, realizar los mismos pasos, pero efectuar los cortes en diagonal, para que al dar vuelta el trabajo, se acomode bien la tela (fotos 105 y 106).

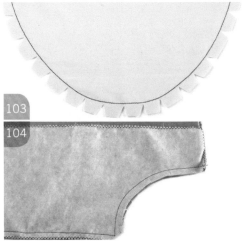

Cómo lograr que no se estiren los hombros en telas de punto

Para evitar que las costuras de los hombros en las prendas realizadas en tela de punto cedan o se estiren, se debe colocar una tira de refuerzo; ésta debe tener la medida del hombro por 2 cm de ancho. Enfrentar derechos de la prenda, con la pieza delantera hacia arriba, haciendo coincidir el refuerzo con el borde de los hombros. Coser (foto 107).

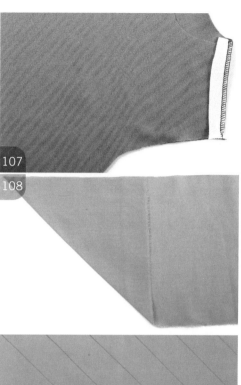

Cómo cortar y unir cintas al bies

A. Cortar un rectángulo de tela. Doblar en diagonal la punta, de manera que los bordes inferiores y laterales coincidan. Marcar la diagonal que se formó (con tiza o plancha) (foto 108).

B. Usar como guía la diagonal y marcar tiras del mismo ancho en todo el rectángulo (foto 109).

C. Unión de dos tiras: Cortar las tiras una a una. Apoyarlas con los derechos enfrentados, haciendo coincidir los lados cortos. Es importante, que la costura a realizar comience y termine justo donde se unen ambos bies, formando una V (foto 110).

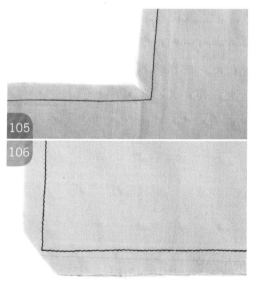

Cómo se corta una cinta al bies continua y larga

A. Repetir los pasos A y B anteriores.

B. Cortar las esquinas que queden sin marcar dentro del rectángulo. Marcar una línea en el sector inferior y otra en el sector superior, a 1 cm de ambos bordes (foto 111).

C. Enfrentar los derechos y sujetar las líneas marcadas con alfileres, dejando que un extremo de la tira sobrepase el borde. Planchar con la costura abierta y cortar una única tira en forma de caracol (foto 112).

Cómo coser una cinta al bies a una tela

Enfrentar derecho del bies con el derecho de la tela haciendo coincidir los bordes. Coser por la línea de plancha más cercana al borde, que ya viene termofijada de fábrica. Una vez finalizada la costura dar vuelta, enfrentando revés con revés; quebrar la cinta al bies por la mitad y terminar a mano (fotos 113 y 114).

Cómo coser una cinta al bies a máquina

Enfrentar el derecho del bies con el revés de la tela haciendo coincidir los bordes. Coser por la línea de plancha termofijada (que viene de fábrica) de la cinta al bies. Dar vuelta hacia el derecho, enfrentando el derecho de la tela con el revés de la cinta por la mitad y pespuntear a máquina (fotos 115 y 116).

Entubado acordonado de cinta al bies

Envolver la cinta al bies en torno al cordón con los lados revés enfrentados y los bordes coincidentes. Con el pie de cierre coser cerca del cordón (foto 117).

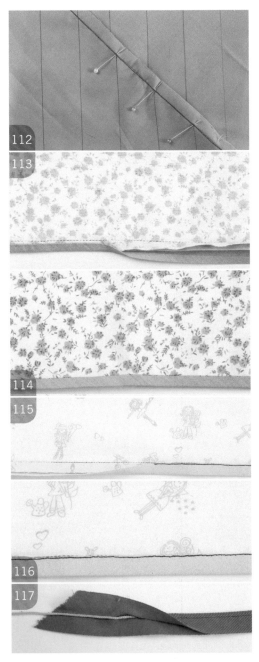

BOTONES

En la actualidad podemos encontrarlos de plástico, de vidrio o de metal. Algunos son planos y otros tienen un aro metálico en la parte posterior, que forma una presilla.

Cómo coser botones a máquina

Colocar el pie para botones y programar la máquina en zigzag, con un largo de puntada 0, y bajar los dientes de arrastre. Colocar el botón sobre la tela, bajar manualmente la aguja de modo que penetre en uno de los orificios. No utilizar el acelerador hasta estar seguros de haber ajustado correctamente el "ancho de puntada". Realizar 15 puntadas, cortar los hilos dejando unos centímetros para anudar.

Para colocar botones en lanas y tejidos finos, se puede coser un pequeño botón por el revés de la tela a la vez que el botón de cierre, para reforzar la costura del botón y lograr una mayor sujeción (foto 118).

118

119

120

Coser botones a mano

Cuando la tela es gruesa, el botón no debe quedar pegado a la prenda, por lo tanto se coloca un mondadientes o fósforo para ocupar un espacio. Coser el botón, pasando por encima del espaciador (foto 119).

Botón sombrero

Colocar el botón con la presilla paralela al ojal. Pasar la aguja por la tela y el botón alternadamente (foto 120).

OJALES A MÁQUINA

Los ojales, generalmente, se hacen en el borde de la prenda. Para ello hay tres formas de hacerlos a máquina, según el modelo que se posea:

Ojal hecho a máquina, guiado a mano

Marcar el ojal sobre la tela, con tiza. Realizar un remate en la parte inferior con puntada Nº 4. Girar la tela haciendo un zigzag bien tupido en puntada Nº 2 a lo largo del ojal. Rematar el otro extremo con puntada Nº 4. Por último, girar nuevamente la tela y bordar el lado opuesto otra vez en zigzag Nº 2 (fotos 121 a 124).

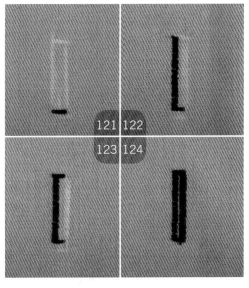

121 122

123 124

Ojal semiautomático

El pie tiene una medida para fijar el largo del ojal. Se debe cambiar la memoria de la máquina en cada uno de los 4 pasos del ojal (foto 125).

Ojal automático

Se coloca el botón en un orificio que posee el pie y luego la máquina hará el ojal en una sola operación, de forma automática (foto 126).

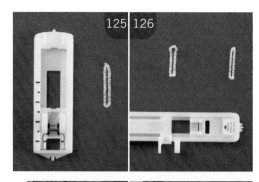

PRESILLAS

Se utilizan generalmente en el borde de una prenda y reemplazan a los ojales.
A. Realizar un hilván guía y con cola de rata formar tantas ondas como botones se deseen colocar. Dichas ondas deberán sujetarse con pequeñas puntadas, cuidando que el arco de la onda sobrepase el hilván, tanto como sea necesario para poder pasar el botón (foto 127).
B. Cubrir las presillas con una vista. Coser y dar vuelta (foto 128).
Estos ojales se pueden realizar en forma espaciada o continua.

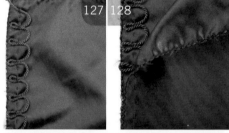

Cómo coser pasacintos

Los pasacintos se utilizan para pasar cinturones.
A. Se hacen con una tira de tela continua, que será la sumatoria de todos los pasacintos, más 3 cm por cada uno, para costura y flojedad. El ancho puede ser de 4 cm (foto 129).
B. Doblar por la mitad a lo largo enfrentando los reveses y planchar. Volver a doblar cada mitad y planchar (foto 130).
C. Coser por ambos bordes y cortar cada pasacinto (foto 131).
En las faldas, se cosen por lo general dos pasacintos en el delantero y dos en el trasero. En el caso de los pantalones, se agrega una presilla más en la unión central del trasero.

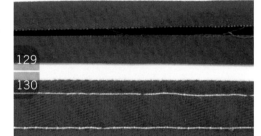

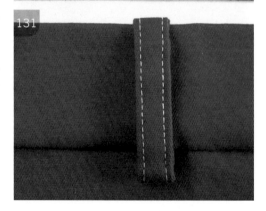

UTILISIMA

Cómo coser botamangas

Las botamangas son un detalle muy agradable para agregar en pantalones de cualquier largo. Al hacer el molde, se debe respetar la inclinación de la pierna original.

A. A partir del ruedo final, agregar 8 cm (será el ancho de botamanga, quedando de 4 cm final) más 3,5 cm para el ruedo interno. Doblar el papel de molde y luego cortar (fotos 132 y 133).

B. Costura: Sobre el pantalón terminado, doblar a los 7 cm enfrentando revés con revés y coser el ruedo a mano o a máquina. Realizar un hilván con color contrastante, a 4 cm desde el ruedo, tomando las dos telas (foto 134).

C. Dar vuelta el pantalón y doblar la botamanga hacia el derecho, por la línea del hilván. Planchar. Sujetar la botamanga, con unas puntadas sobre cada unión lateral del pantalón, para que no se caiga (foto 135).

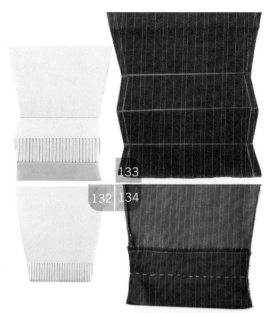

Cómo coser pinzas

La finalidad de las pinzas es acompañar el contorno del cuerpo y adaptar la prenda a las curvas del busto, la cintura y la cadera. Son pliegues de tela en forma triangular.

Enfrentar los derechos de la tela haciendo coincidir los laterales de la pinza. Hilvanar y luego coser desde la parte más ancha hasta el vértice, anudando a máquina o a mano. Planchar del derecho, llevando la pinza hacia un lateral, es decir hacia afuera (foto 136).

Si las telas son gruesas, cortar el excedente hasta 1,5 cm antes del vértice y planchar para aplastar (foto 137).

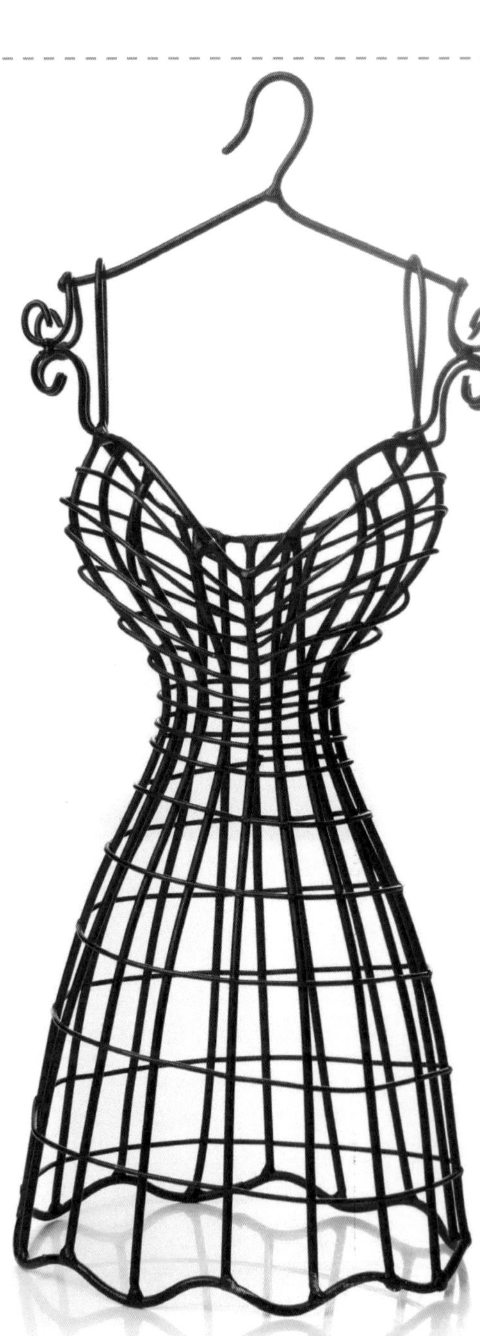

CAPÍTULO 4

ACCESORIOS

os accesorios son artículos para decorar ropa formal o deportiva. Se utilizan para decorar una prenda y darle un detalle especial. Algunos de ellos se pueden hacer en su totalidad, como las flores, o también se pueden adquirir en mercerías y aplicarlos según se indique.

Una vez terminada la confección de la prenda, es posible agregar adornos para realzar la presentación. Un moño o un aplique apropiadamente ubicado hace la diferencia. Estos complementos no aumentan significativamente el costo y distinguen la prenda de otra de igual estilo y color.

FLOR QUEMADA

Para este tipo de flor son ideales las telas como rasos, gasas, tafetas, taftán y sedas.

Paso 1: En tafeta cortar 4 círculos de 10 cm de diámetro, 4 círculos de 8 cm de diámetro y 5 círculos de 6 cm de diámetro.

Quemar los bordes y sectores internos, para lograr movimiento, simulando los pétalos de la flor (fotos 138, 139 y 140).

Paso 2: Tomar un círculo de 6 cm, doblarlo por su mitad y nuevamente por su mitad. Coser el vértice para sujetar. Realizar lo mismo con el resto de los círculos pequeños y unir todos entre sí por los vértices. (fotos 141 y 142).

Paso 3: Encimar los círculos de 8 cm y coser con lo obtenido por el centro (foto 143).

Paso 4: Encimar los círculos de 10 cm y coser con la pieza obtenida en el paso anterior (fotos 144, 145 y 146).

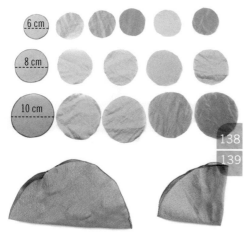

143 144   145

146

ROSETAS DECORATIVAS

147

149

148

Cortar una tira al bies de 50 cm de largo por 8 cm de ancho, doblarla por la mitad con los reveses enfrentados y planchar. Redondear las esquinas y surfilar (foto 147).

Realizar una bastilla comenzando por uno de los extremos, para fruncir (foto 148).

Enrollar la tira y coser la base de a poco, siempre agregando frunce (foto 149).

APLIQUE

El aplique es una técnica de bordado que consiste en usar retazos de tela que, cosidos a una prenda, añaden textura y color al diseño. Puede utilizarse en todo tipo de prenda, pero generalmente se los puede observar en diseños infantiles.

Paso 1: Colocar entretela en ambas telas. Sujetar con alfileres e hilvanar el diseño o colocarle spray adhesivo momentáneo. A máquina, pasar un zigzag angosto y tupido por todo el contorno (foto 150).

Paso 2: Recortar el exceso de tela que se encuentra más allá del borde cosido. Luego, volver a pasar sobre lo anterior, otro zigzag a máquina un poco más ancho, pero tupido, simulando un cordón (foto 151).

CÓMO REALIZAR MOÑOS

Paso 1: Cortar un rectángulo de 50 cm de ancho por 30 cm de alto. Colocar entretela gruesa; enfrentar derechos y coser dejando un lado libre (foto 152).

Paso 2: Dar vuelta y doblarlo por la mitad, dejando la unión en la parte posterior. Cortar otra tira de 60 cm de ancho por 20 cm de alto, colocar entretela, coser (las esquinas en diagonal), dar vuelta por la abertura dejada en el centro (fotos 153 y 154).

Paso 3: Enfrentar ambas piezas por la parte posterior. Fruncir el centro y sujetar (foto 155).

Paso 4: Terminar el moño, cubriendo los frunces con un rectángulo pequeño cosido en la parte trasera (foto 156).

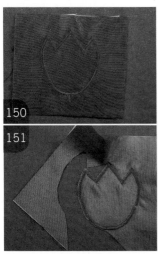

HOMBRERAS

Las hombreras son almohadillas que se colocan en el interior de abrigos para armar la prenda y realzar la zona de hombros. Deben estar realizadas en un material que se adapte fácilmente a los hombros. En las mercerías se pueden encontrar diferentes tipos de hombreras, según el uso que se les desee dar.

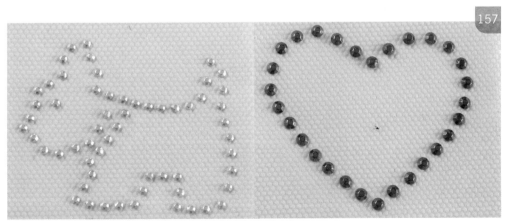

Forrada con tela de nailon

De espuma sin forrar

De sastre

Hombreras forradas con tela de nailon
Se utilizan en prendas sin forrar, para dar forma al hombro.

Hombreras de espuma sin forrar
Se colocan entre la tela y el forro.

Hombreras de sastre
Tienen dos capas de fieltro y en el centro una de guata. Este tipo de hombreras se utilizan sobre todo en los sacos sastres.

CUENTAS TERMOFIJABLES

Las cuentas termofijables vienen con un diseño predeterminado. Están formados por pequeños estrás colocados de tal manera que forman un dibujo y pueden variar en su tamaño y color.

Se adquieren en las mercerías y se colocan con calor sobre la prenda. La temperatura de la plancha debe ser la máxima que admita el tejido que se esté utilizando.

Retirar el papel protector y descartarlo. Colocar la cuenta termofijable donde se desee, enfrentando derecho de la prenda con revés del accesorio y colocar un trapo sobre las cuentas. Asentar con la plancha encima del trapo unos segundos, sin deslizarla para que no desplazar las cuentas (foto 157).

157

CRISANTEMOS

Paso 1: Cortar una cinta de 1 m de largo. Marcar cada 10 cm, empezando y terminando a 7,5 cm de cada extremo. Coser a través de cada marca en el bies. Tirar y cerrar acomodando las lazadas (foto 158 y 159).

Paso 2: Juntar todas las lazadas y sujetarlas con un elástico (foto 160).
Coser las lazadas. Cortar un extremo de la cinta a 1 cm y sujetarlo por la parte trasera de la flor. Cortar el otro extremo a 2,5 cm y realizar lo mismo (foto 161).

BOTÓN CHINO

Los botones se pueden adquirir en las mercerías y también es posible confeccionarlos para que contrasten o hagan juego con una prenda.

Paso 1: Pinchar la punta de un cordón de seda en una superficie plana y hacer una lazada (foto 162).

Paso 2: Hacer otra lazada del mismo tamaño encima de la primera y pasar la punta del cordón bajo la punta pinchada (foto 163).

Paso 3: Realizar una tercera lazada, pasando encima y debajo de las anteriores. Pasar encima de la segunda y debajo de la primera, luego encima de la segunda mitad de la segunda lazada y debajo de la primera (foto 164).

Paso 4: Ajustar poco a poco tomando ambos extremos del cordón en forma pareja y luego desde la lazada central hacia las puntas (foto 165).

Paso 5: Seguir ajustando paulatinamente hasta que quede formada una pelota. Coser del lado inferior con puntadas invisibles para fijar el botón chino (fotos 166 y 167).

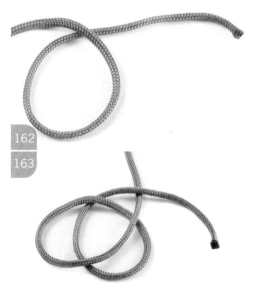

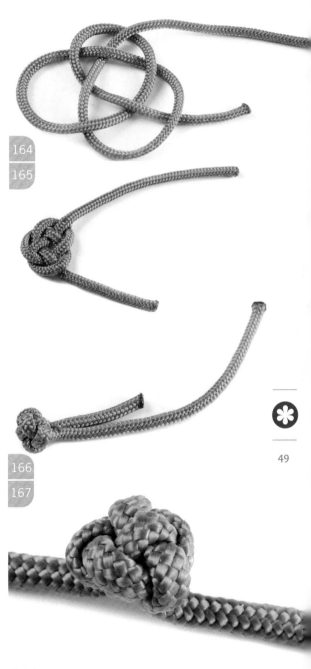

164
165

166
167

162
163

❋

49

CAPÍTULO 5

BOLSILLOS

Los bolsillos, además de ser útiles, son decorativos y pueden lograr que una prenda sea más o menos informal. Los bolsillos que se aplican sobre la prenda son más sencillos de realizar que aquellos para los cuales se debe efectuar un corte sobre la misma para lograrlos. Hay una gran variedad de bolsillos, ya que se los puede transformar según la imaginación de cada uno.

Bolsillo placa básico

Este bolsillo se aplica en el exterior de cualquier tipo de prenda. Pueden ir forrados o no, con entretela o sin ella, y sus esquinas inferiores pueden terminar en forma redondeada o angular.

Paso 1: Doblar 3 cm en el borde superior, enfrentando los derechos. Coser a 1 cm del borde, sólo sobre el doblez en ambos extremos. Cortar en diagonal ambas esquinas superiores. Pasar un hilván en las esquinas inferiores y redondeadas (foto 168).

Paso 2: Dar vuelta el bolsillo, doblar la tela de las costuras hacia adentro y fruncir suavemente las esquinas (se puede ayudar con un molde de cartón) y planchar. Pespuntear el zócalo superior (foto 169).

Bolsillo placa con tapa separada

Este bolsillo placa, tiene una solapa o tapa separada que se coloca en la prenda encima de la boca del bolsillo placa básico, realizado en el paso anterior. Se utiliza especialmente en pantalones tipo cargo y abrigos.

Paso 1: Realizar el bolsillo placa básico.

Enfrentar los derechos de las tapas, una de ellas debe ser 1 cm más corta. Coser el contorno dejando libre el sector superior. Dar vuelta y pespuntear (foto 170).

Paso 2: Colocar la tapa de bolsillo sobre la prenda con los derechos enfrentados, a 1,5 cm del bolsillo placa. Coser por el excedente de tela formado entre ambas tapas (foto 171).

Dar vuelta hacia el bolsillo placa y pasar un pespunte por el derecho (foto 172).

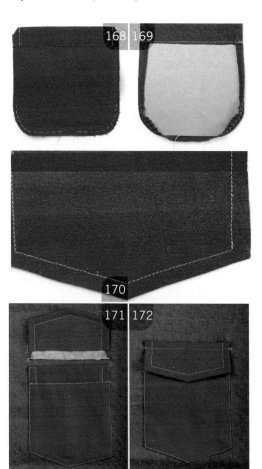

IMPORTANTE: la prenda se debe cortar con 3 cm más para margen de costura, en el sector de boca de bolsillo, para que la tela de éste no se vea cuando se abre el bolsillo.

Bolsillo en la costura

Esta clase de bolsillo —ubicado sobre la abertura de una costura— pende en el interior de la prenda. Se puede realizar en cualquier tipo de vestimenta, en forma vertical u horizontal. Para ubicarlo correctamente en una costura vertical, por ejemplo un pantalón, la parte superior del bolsillo debe iniciarse 3 cm por debajo de la línea de cintura.

Paso 1: Enfrentar derechos de bolsillo y prenda, coser el fondo de bolsillo en extensión de boca de bolsillo. Planchar (foto 173).

Paso 2: Colocar juntos los fondos de bolsillo, coser todo alrededor, desde un extremo de la abertura hacia el otro. Surfilar (foto 174).

Por último, dar vuelta y planchar. De este modo, el bolsillo queda escondido en la costura de la prenda (foto 175).

Bolsillo delantero en la cadera (tipo jean)

Sólo se ve la boca de este bolsillo y se realiza desde la cintura hasta la costura lateral, teniendo en cuenta su tamaño, para que pueda entrar la mano. Al hacer este tipo de bolsillo, se debe realizar un corte en la parte delantera del pantalón, para formar la boca de bolsillo. También es necesario una bolsa de bolsillo y un fondo de bolsillo.

Paso 1: Con los derechos enfrentados coser la boca de bolsillo. Realizar cortes en la curvas (foto 176).

Dar vuelta y realizar un pespunte del lado derecho de la prenda, a 1 cm del borde (foto 177).

Paso 2: Sujetar con alfileres el fondo de bolsillo, haciendo coincidir los bordes internos, y coser dicho sector (foto 178).

Paso 3: Hilvanar el bolsillo armado a la cintura y al lateral del pantalón, para poder continuar con la hechura completa de la prenda. (foto 179)

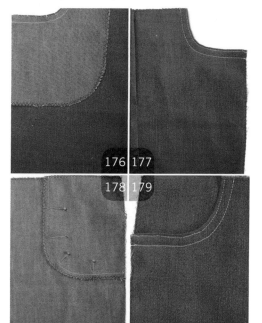

53

Bolsillo con ribete incorporado

Se utiliza en las camisas y los sacos de hombre.

Este bolsillo con ribete incorporado se parece a un ojal con un ribete integrado en la parte superior y en la inferior.

Está formado por una sola pieza, que formará la bolsa de bolsillo, y el ribete, que generalmente es de 2 cm de alto.

Paso 1: Marcar con un hilván la posición del bolsillo. Para poder realizar el bolsillo a partir de una sola pieza, cortar un rectángulo de 18 cm de ancho por 36 cm de alto.

Paso 2: Por el derecho y el revés de la prenda marcar con tiza la boca de bolsillo, de 14 cm por 2 cm, y luego con un hilván de puntadas pequeñas, pasarla con exactitud por cada vértice (foto 180).

Doblar la pieza que formará el bolsillo por la mitad, enfrentando los reveses, y planchar. Enfrentar los derechos de ambas piezas y hacer coincidir el doblez de plancha con la línea inferior del rectángulo marcado sobre la prenda. Sujetar con alfileres (foto 181).

Paso 3: Desdoblar el bolsillo, sujetar con alfileres y por el revés de la prenda coser a máquina el rectángulo marcado en la tela, comenzando por el centro de uno de sus lados más largos, y al llegar a cada esquina clavar la aguja en cada vértice, antes de levantar el prensatela, girar. Cortar por el centro y detenerse a 1,5 cm de cada extremo y cortar en diagonal las esquinas, de modo que se formen triángulos (foto 182).

Paso 4: Pasar el bolsillo hacia el revés por la abertura. Planchar formando un rectángulo perfecto (foto 183). Doblar la parte inferior del bolsillo 2 cm, de manera que forme un pliegue que cubra la abertura. Hilvanar para sujetar (foto 184).

Paso 5: Volver la prenda al derecho y doblarla sobre sí misma, dejando a la vista la costura realizada en el borde inferior de la boca del bolsillo (foto 185). Realizar una costura lo más cerca posible de la anterior, cosiendo sólo una tapa de bolsillo y margen de costura. Esta costura es fundamental para sujetar el ribete (foto 186).

Paso 6: Por el revés de la prenda, doblar la segunda tapa de bolsillo sobre la inferior, enfrentando los derechos de ambas. Coser la bolsa de bolsillo, sujetando también los triángulos (fotos 187, 188 y 189).

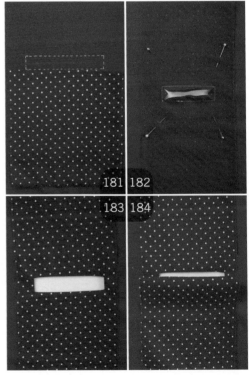

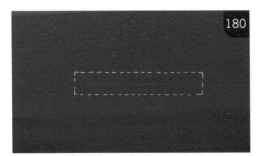

185 186

187 189

188

Bolsillo con cierre

Es ideal para prendas deportivas; se realiza de forma sencilla, ya que se cose el bolsillo junto con el lateral de la prenda. Los primeros pasos son similares a los realizados en el bolsillo con ribete de una sola pieza.

Medidas: Para un cierre de 12 cm cortar un rectángulo de 16 cm de alto por 28 cm de ancho.

Paso 1: En el interior de la pieza que formará el bolsillo, marcar un rectángulo de 12 cm por 1,5 cm paralelo al lateral. Enfrentar los derechos de la prenda y del bolsillo, haciendo coincidir los bordes. Coser por la línea de marca del rectángulo pequeño, para unir ambas telas (foto 190).

Cortar por el centro del rectángulo y detenerse 1,5 cm antes de cada punta, y cortar en diagonal las esquinas, para formar dos triángulos (foto 191).

Paso 2: Dar vuelta y planchar. Sobre el derecho de la prenda, ubicar el cierre en el centro de la abertura, hilvanar y coser con pie de cierre (fotos 192 y 193).

Paso 3: Tomar la prenda por el revés. Doblar el bolsillo por la mitad y coser la bolsa de bolsillo (inferior y superior). Hilvanar el borde libre del bolsillo al lateral de la prenda (foto 194).

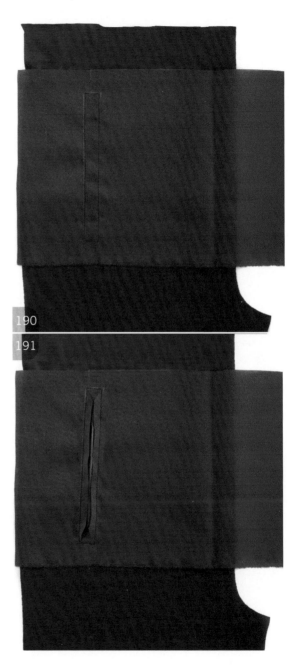

190

191

192

194

193

CAPÍTULO 6

CIERRES

xisten diferentes tipos de cierres que se adaptan a cada necesidad. Varían por sus materiales, largos, colores y función que cumplen.
En el mercado se pueden encontrar cierres con dientes metálicos y dientes de plástico, que se utilizan para camperas, abrigos o pantalones tipo jean. Los de dientes de nailon o poliéster son más livianos y delgados que los anteriores, y por lo tanto se destinan para telas livianas.

También hay cierres invisibles, aunque la variedad de sus colores y sus medidas son más reducidas; por lo general se utilizan en faldas o vestidos, pero no sirven para prendas ajustadas, ya que no soportan mucha presión.

En las prendas femeninas, la solapa del cierre se orienta de derecha a izquierda, y en las de hombre al revés.

Cierre escondido o centrado

Se usa en aberturas centrales, generalmente en la parte trasera de la falda.

Paso 1: Coser a máquina la prenda, dejando sin coser una abertura del mismo largo que el cierre. Hilvanar juntos los lados de la abertura a 1,5 cm del borde (foto 195).
Planchar la prenda del revés, con la tela abierta (foto 196).

Paso 2: Colocar el cierre centrado detrás de la abertura e hilvanar por el revés. Sostener el cierre con alfileres y luego sujetar con otro hilván (foto 197).
Del lado del derecho verificar que los dientes siempre estén en el centro de la abertura de la prenda (foto 198).

Paso 3: Coser el cierre guiándose por el hilván, lo más cerca posible de los dientes, formando ángulos de 90º en el sector inferior. Quitar el hilván (foto 199).

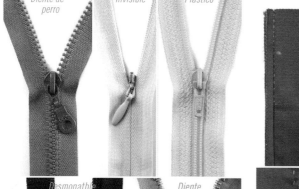

Diente de perro   Invisible   Plástico

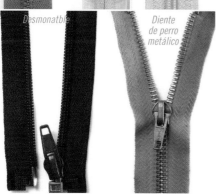

Desmontable   Diente de perro metálico

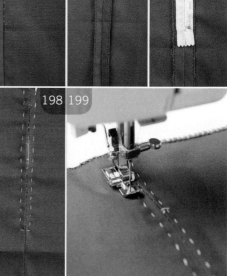

195 | 196   197

198 | 199

Cierre con una pestaña

Se puede utilizar en el centro delantero, trasero o lateral de una prenda. Un costado de este cierre se cose cerca de los dientes, el otro queda más apartado o escondido.

Paso 1: Coser la prenda, dejando sin coser una abertura del mismo largo que el cierre. Trabajar del lado derecho de la tela. Planchar el margen derecho 3 mm más adentro que la línea de costura (achicando el margen de costura). Sujetar el cierre con alfileres, detrás de la zona planchada, e hilvanar. Coser 3 mm más adentro que la línea de costura (foto 200).

Paso 2: Planchar el lado izquierdo. Colocarlo sobre el cierre, de manera que lo tape y oculte la costura anterior. Sujetar e hilvanar (foto 201).

Paso 3: Coser el cierre desde el extremo superior, moviendo el deslizador del cierre a medida que se avanza. Girar la tela en la base del cierre (con la aguja clavada), y hacer una costura perpendicular (foto 202).

Cierre en bragueta (tipo jean)

Se utiliza especialmente en pantalones de hombres, algunos de mujer y faldas tipo jean. Es necesario adosar una protección detrás del cierre, para no enganchar la ropa interior. En el armado de un pantalón, conviene coser primero esta protección.

Paso 1: Cortar una tira de protección de 10 cm de ancho x el largo del cierre más 2 cm. Doblarla por la mitad, enfrentando los reveses y surfilar juntos. Coser el cierre sobre la tira, en el sector cercano al borde (foto 203).

Paso 2: Coser el tiro del pantalón dejando abierta la bragueta. Teniendo en cuenta esta costura, planchar doblando el lado izquierdo en coincidencia con la costura, enfrentando revés con revés. El lado derecho doblarlo a 1 cm más, de manera que asome una parte de abajo del cruce.

Hilvanar la pieza obtenida en el paso 1 (pieza de protección), ubicando los dientes en forma paralela al segundo borde planchado, y coser (foto 204).

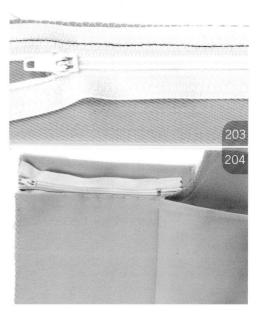

61

Paso 3: Apoyar el borde libre sobre la delantera, encima del cierre, tapando la costura de tal manera que el borde de la abertura coincida con la costura del tiro. Hilvanar (foto 205).

Paso 4: Del lado del revés, coser el borde libre del cierre con la vista, levantando y aislando ambas piezas (foto 206).

Paso 5: Del lado del derecho realizar un pespunte, sobre una marca de tiza previamente realizada; la terminación de este pespunte, por lo general, es curva (foto 207).

Cierre invisible

Es el único cierre que se coloca con un pie propio, que no sirve para otra finalidad ni para otro cierre. Las costuras a máquina se hacen en la parte interna de la prenda y no quedan costuras visibles. El cierre se debe colocar antes de hacer cualquier costura.

Paso 1: Terminar los bordes libres en zigzag. Hilvanar los bordes de la abertura con un color contrastante a 1 cm, para marcar la línea por donde se coserá. Planchar doblando la tela por el hilván (foto 208).

Hilvanar el cierre abierto, con los derechos encarados y los dientes paralelos a la línea de plancha y del hilván. Encastrar los dientes, dentro de una canaleta del pie y coser (foto 209).

Paso 2: Hilvanar el otro lado del cierre y coser (foto 210).

Paso 3: Debido al largo que posee este pie, no es posible coser cerca del borde inferior del cierre. Dicha costura se deberá terminar luego con pie común o puntadas a mano (fotos 211 y 212).

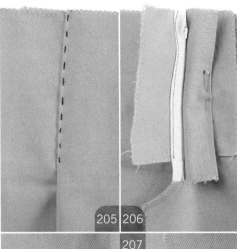

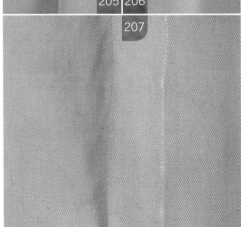

UTILISIMA

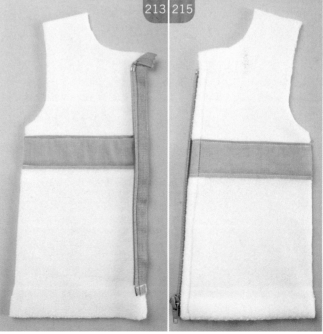

Cierre desmontable

Se utiliza en ropas de abrigo y deportivas. Los más utilizados son los llamados dientes de perro o de plástico.

Paso 1: Enfrentar los derechos haciendo coincidir el borde del cierre con el de la tela. Hilvanar y coser cerca de los dientes (foto 213).

Dar vuelta para pasar una segunda costura de sujeción del lado del revés, sobre el borde de la tela del cierre (fotos 214 y 215).

Al coser el lado contrario, tener la precaución de hacer coincidir todos los puntos de encuentro, por ejemplo: cuello, puño o algún diseño.

210

211

212

213

214

215

63

CAPÍTULO 7

CINTURAS

o pretinas

65

La cintura pretina es una tira de tela que se utiliza tanto en un pantalón como en una falda; se coloca en la parte superior de la prenda y suele tener la medida exacta de la cintura más los centímetros de cruces. En algunos casos, según la prenda, se puede colocar entretela del lado del revés o cinta gros para otorgarles mayor rigidez, o elástico para un mejor ajuste.

Cintura clásica

Se debe utilizar una técnica combinando costura a máquina y costura a mano.

Paso 1: Cortar la pretina del doble del ancho deseado (más 2 cm de margen de costura) x el contorno de cintura (más 5 cm para cruce). Colocar entretela en la pretina.

Enfrentar los derechos de pretina con el derecho de la prenda, haciendo coincidir los bordes y dejar 1 cm libre al iniciar la sujeción.

Coser, dar vuelta y planchar. Doblar 1 cm en la parte superior de la pretina, enfrentando revés con revés y planchar (foto 216).

Paso 2: Doblar la cintura por la mitad y coser el extremo de la pretina respetando el doblez de plancha. Cortar una pequeña diagonal en la esquina. Enfrentar derechos del otro extremo (cruce) y coser formando ángulo recto (foto 217).

Paso 3: Dar vuelta y terminar con una costura a mano (foto 218).

216

217 218

Cintura con elástico interno

Esta técnica se utiliza mucho en las prendas para chicos y es ideal para pantalones, ya que se puede obtener un cómodo y exacto ajuste de cintura. Este sistema se aplica cuando la pretina, en su parte interna, es reemplazada por un elástico del ancho de la cintura, que dará un mejor ajuste en dicha zona. Tener en cuenta que uno de los extremos debe hacerse de la misma tela que el pantalón (fotos 219, 220 y 221).

Cintura externa

La medida de estas deben ser 2 cm más ancha que el elástico a utilizar, por el contorno de cintura más 2 cm de margen de costura.

El ancho de la cintura interna lo va a determinar el ancho del elástico. El largo necesario de elástico será la medida de cintura, menos el 10%. A eso restarle 7 cm que se reemplazarán por la tela del pantalón.

Paso 1: Enfrentar los derechos de la pretina externa a la prenda, haciendo coincidir los bordes y dejando 1 cm libre al iniciar la sujeción. Coser. Dar vuelta y planchar la unión de la pretina y la prenda. Doblar el margen superior, planchar a 1 cm, enfrentando revés con revés. Hilvanar.

Paso 2: Para la cintura interna, coser 7 cm de tela en un extremo del elástico en el cual irá el ojal.

Paso 3: Para terminar la cintura, enfrentar los reveses de la cintura externa y el elástico, y coser haciendo coincidir todos los bordes.

219

220

67

221

Nota: para poder coser en ángulo recto, ayudarse con un hilo grueso del que se pueda tirar, pues de lo contrario la máquina de coser no podrá avanzar tan cerca del borde. Luego descartar el hilo.

Cintura con vista interna

Se usa cuando no se desea ningún tipo de cintura visible. Se corta de 6 cm de ancho, respetando la forma del molde con las pinzas cerradas, por lo tanto toman una forma curva.

Paso 1: Colocar entretela en las vistas y unir los laterales. Enfrentar los derechos de las vistas y la prenda, haciendo coincidir los bordes y dejando 1 cm libre en cada extremo. Coser (foto 222).

Paso 2: Planchar la vista junto con los márgenes de costura. Sobre el derecho de la prenda, pasar una costura sobre la vista y los márgenes para impedir, en un futuro, que la vista se asome por el derecho (foto 223).

Paso 3: Dar vuelta y terminar a mano (foto 224).

222

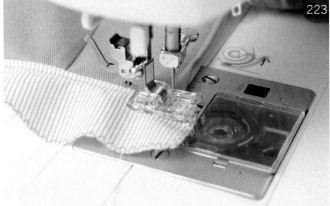

223

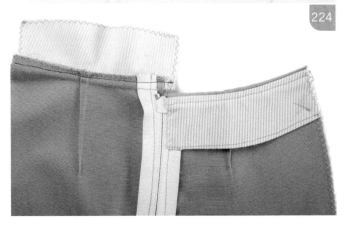

224

Cintura elastizada

Es la más sencilla de realizar, ya que consta de un tubo por donde se pasa un elástico. Se aplica en bordes rectos, por ejemplo el modelo de falda paisana.

Paso 1: Planchar el borde superior a 1 cm y luego realizar otro doblez a 3 cm del anterior. Hilvanar la abertura (foto 225).

Paso 2: Coser por el borde inferior, dejando una pequeña abertura, para pasar el elástico con una traba de gancho (foto 226). Fruncir la prenda a gusto y coser los extremos del elástico (foto 227).

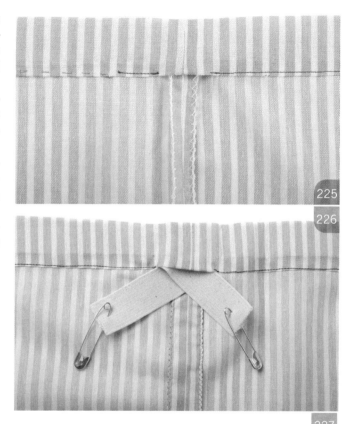

225

226

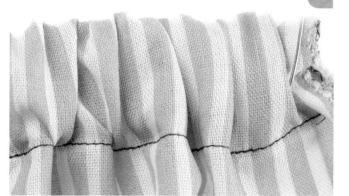

227

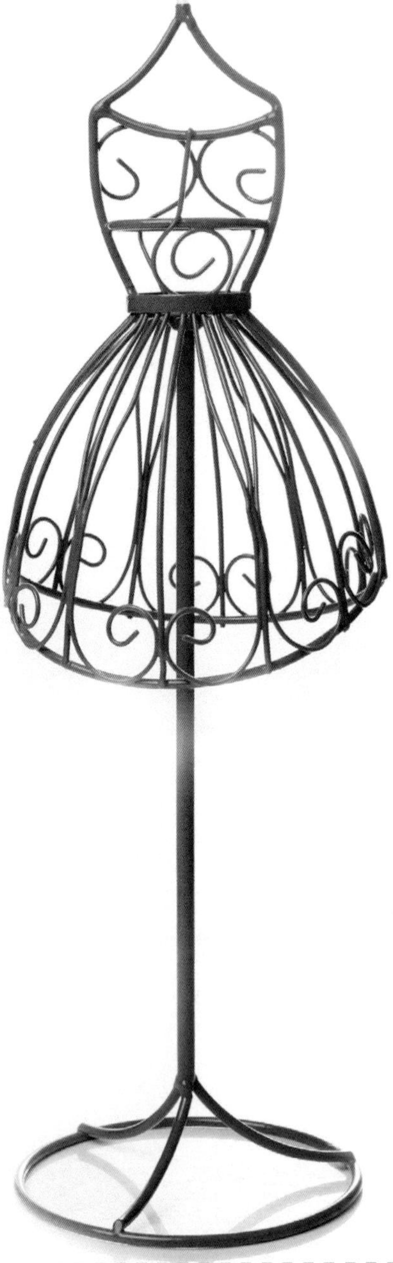

CAPÍTULO 8

CUELLOS

Los cuellos enmarcan el rostro, y esto los convierte en una de las piezas que más llaman la atención en una prenda. El tipo de cuello dependerá del diseño de la prenda que se vaya a realizar. Hay 3 grandes grupos, que abarcan a la infinidad de modelos de cuellos que existen y ellos son: cuellos altos, cuellos planos y cuellos volcados. La mayoría de los modelos debe llevar entretela.

Cuello Mao

De origen chino, el collarín nace en el cuello y sube 2 a 5 cm, sin doblez. Se utiliza como alternativa menos formal y juvenil, hasta en trajes de etiqueta. Es uno de los cuellos más sencillos de realizar y se caracteriza por sus extremos curvos.

Paso 1: Colocar entretela en una de las tirillas del cuello. Tomar otra tirilla (sin entretela) y realizar un hilván a 1 cm del borde inferior. Enfrentar los derechos de ambas tirillas, sujetarlas y coser por todo el contorno, dejando libre el sector inferior (foto 228).

Paso 2: Unión a la prenda: Tener los hombros y las carteras cosidas. Enfrentar la tirilla que tiene entretela, con el derecho de la prenda. Sujetar con alfileres haciendo coincidir los centros y los extremos de camisa y cuello. Coser a máquina, comenzando justo por el escalón formado por ambas tiras. Dar vuelta y terminar a mano, llevando los márgenes hacia el interior del cuello (fotos 229, 230 y 231).

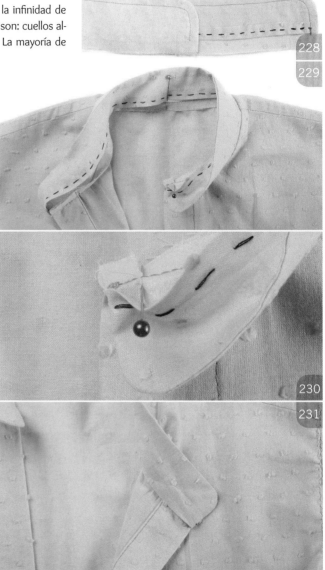

228
229
230
231

UTILÍSIMA

Cuello camisero con cuello y tirilla

La prenda de vestir dotada de un cuello camisero está compuesta por un pie de cuello y al menos una tirilla, que constituye la parte vista del cuello de la prenda. Se utiliza tanto para varones como para mujeres y es uno de los más clásicos y comunes.

Está formado por 2 partes: tirilla y cuello. Ambas llevan entretela en una de las piezas.

Paso 1: Enfrentar los derechos de los cuellos y coser todo el contorno, dejando abierto el borde inferior. Las esquinas deben coserse clavando la aguja, y cuando sea necesario girar para continuar con la costura. Cortar en diagonal las esquinas (foto 232).

Paso 2: La tirilla con entretela constituirá la parte externa del cuello. Tomar la otra tirilla y realizar un doblez a 1 cm del borde inferior. Hilvanar.

Fijar con alfileres la parte inferior del cuello con el borde superior de la pieza externa entretelada, las caras del derecho juntas y los bordes libres coincidentes. Encerrar el cuello con la tira sobrante, siempre con los derechos encarados. Coser todo el contorno, dejando libre el sector inferior (foto 233). Dar vuelta (foto 234).

Paso 3: Unión con la prenda. Enfrentar el borde con entretela de la tirilla con el escote de la camisa, quedando el derecho de la tirilla con el revés de la camisa. Las puntas de las tiras deben sobrepasar 2 mm en cada extremo. Hilvanar y coser justo por el escalón formado por ambas tirillas (foto 235).

Dar vuelta y terminar a mano (foto 236).

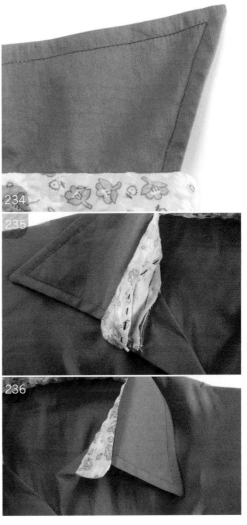

234

235

236

232

233

Cuello con tirilla incorporada

Este tipo de cuello sólo se utiliza en prendas femeninas, ya que tiende a abrirse o caerse hacia los lados del cuello de la persona, y queda más despejada la clavícula. Es recomendable realizar la unión de cuello y camisa por medio de una vista.

Paso 1: Colocar entretela en la pieza externa del cuello y realizar un hilván a 1 cm del borde. Entrentar ambas pizas por los derechos y coser respetando la forma (foto 237).

Cortar las tirillas y coserlas en el borde inferior del cuello, dejando libre los extremos. Dar vuelta del derecho y planchar.

Paso 2: Unión a la prenda: Colocar el derecho de la pieza sin entretela, con el revés de la camisa. Las puntas del cuello deben sobrepasar 2 mm cada extremo, de modo que la costura llegue al borde (foto 238). Terminar a mano (foto 239).

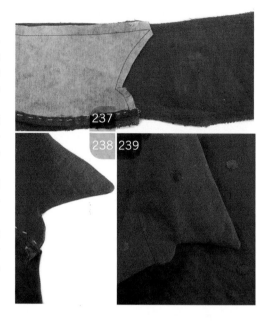

Cuello bebé

Es ideal y característico en prendas infantiles y también se adapta a la blusa femenina. Este tipo de cuello está formado por dos piezas con puntas redondeadas, y queda apoyado perfectamente en el cuerpo. Puede estar realizado en una sola pieza (por ejemplo camisa con abertura en la delantera) o en dos piezas (vestido con abertura en la espalda).

Paso 1: Colocar entretela en uno de los cuellos, enfrentar los derechos, unir los bordes y coser el contorno, dejando libre el sector de menor recorrido. Hacer cortes en todas las curvas (foto 240).

Paso 2: Realizar una costura sobre el derecho del cuello, pasando sobre su parte inferior y sujetando los excedentes de tela. Coser muy cerca de la costura anterior. (fotos 241 y 242).

Para lograr que el cuello mantenga la forma, separar ambos cuellos y realizar una costura sobre el borde externo de la pieza sin entretela, sujetando los excedentes de tela.

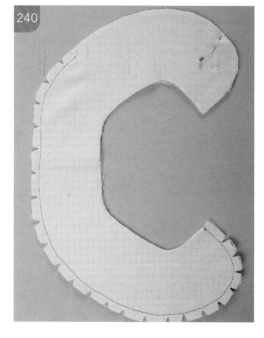

Paso 3: Unión a una camisa: Marcar con la plancha las líneas que formarán la cartera de la camisa. Enfrentar la cara interna del cuello con el derecho de la camisa, haciendo coincidir el centro de ambas piezas, y tener en cuenta que los extremos del cuello deben llegar 1,5 cm antes de la finalización de la cartera. Enfrentar derechos de camisa y cartera. Sujetar con alfileres y luego con un hilván.

Con los lados derechos juntos, unir una tira de bies y coser la camisa, el cuello y el bies (foto 243).

Dar vuelta la cinta al bies y la cartera de la camisa hacia el revés. Hilvanar y coser a mano (foto 244).

Por último colocar botones (foto 245).

243

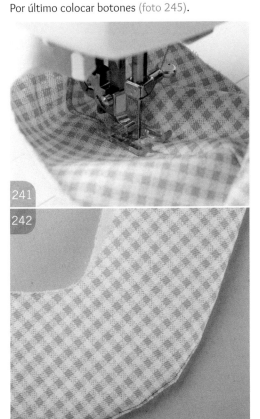

241

242

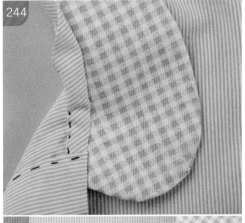

244

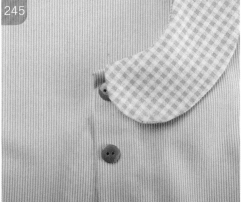

245

Cuellos esmoquin

Esta moda proveniente de Inglaterra, y es muy elegante. Se conoce con este nombre a un patrón de blusa con cuello incluido en una sola pieza, la delantera de la prenda, y combina cuello y solapa en un solo molde. Por lo general, este cuello tiene abertura en el delantero y se le puede dar la altura, el ancho y el borde deseados. Es muy habitual su uso en blazers, camisas y especialmente en batas.

Paso 1: Tomar las delanteras de la prenda y enfrentar los derechos. Coser sólo los extremos que forman el cuello. Planchar (foto 246).

Paso 2: Al unir ambas delanteras, el cuello esmoquin queda presentado (foto 247).

Paso 3: Enfrentar los derechos de la espalda y la delantera; sujetar con alfileres los hombros y el sector del cuello. Coser desde un extremo al otro de los hombros, pasando por el cuello. Tener en cuenta que se formarán unos pequeños picos en la unión de hombro y cuello (foto 248).

Paso 4: Al dar vuelta lo obtenido anteriormente se podrá ver la forma del cuello esmoquin.

Enfrentar derechos del cuello esmoquin y la vista (con entretela), hilvanar y luego coser (foto 249).

Dar vuelta y pasar un pespunte sólo por el sector del cuello (sin abarcar la cartera), sujetando la parte interna del cuello y el excedente de costuras (foto 250).

Cuello polo

Se llama cuello polo al cuello de no lleva tirilla.

Paso 1: Colocar entretela en una de las piezas. Enfrentar derechos de ambos cuellos, hacer coincidir los bordes y coser todo el contorno, dejando abierto el borde inferior. Las esquinas deben hacerse clavando la aguja de la máquina de coser cuando sea necesario para girar, y luego continuar con la costura. Cortar las esquinas en diagonal (foto 251).

Dar vuelta, hilvanar, planchar y pespuntear (foto 252).

Paso 2: Unión a la prenda. Comenzar a hacer la cartera, tal como se indica en el capítulo 12 (Cartera). Con las caras derechas juntas y los bordes libres coincidentes, unir con alfileres la parte inferior del pie de cuello al contorno del escote de la prenda (foto 253).

Doblar las carteras por la mitad, encarando los derechos (foto 254).

Cubrir con un bies y coser el cuello, la prenda, la cartera y el bies. Dar vuelta las carteras y realizar un doble doblez, en el sector libre del bies. Coser (foto 255).

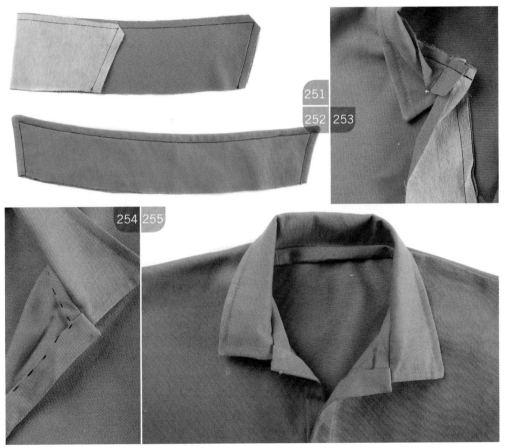

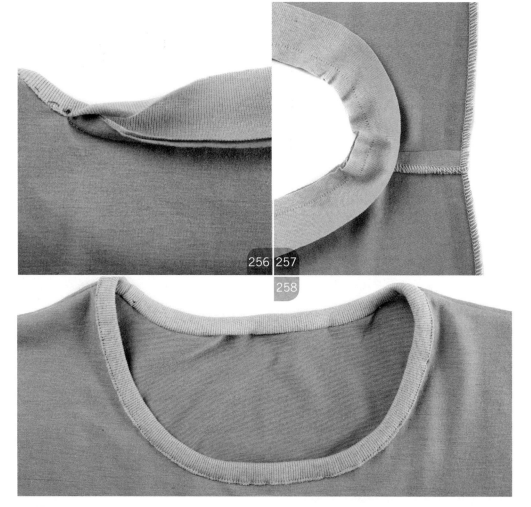

Cuello con vivo

Este cuello pertenece al grupo de cuellos realizados en tela de punto. Se puede realizar en máquina familiar con costura recta.

Paso 1: Cortar, a lo ancho de la tela, una tira de 4 cm de ancho x el contorno de cuello. En el centro de espalda enfrentar el revés de la remera con el derecho de la tira, haciendo coincidir los bordes e iniciado la colocación con un doblez de 1 cm, enfrentando los reveses de la tira.

Coser a 1 cm del borde del escote, estirando la tira suavemente 1 cm por cada 4 cm cosidos (foto 256). Paso 2: Sobre el derecho de la prenda, realizar un doble doblez, originando el vivo. Hilvanar, tapando la costura anterior. Coser bien cerca del borde (fotos 257 y 258).

Cuello alto recto

Este cuello pertenece al grupo de cuellos realizados en tela de punto. Se debe utilizar una tela con mucha elasticidad, ya que es un modelo alto y ajustado que debe pasar con facilidad por la cabeza.

Paso 1: Cortar una tira de Rib de la medida del contorno del cuello por el doble del ancho que se desea que tenga una vez terminado. Unir los derechos y coser los extremos cortos, formando un cilindro (foto 259).

Doblar la banda por la mitad a lo largo, uniendo los reveses. Dividir el contorno del cuello en 4 partes iguales y marcarlas (foto 260).

Paso 2: Enfrentar los derechos del Rib (cuello) con el de la prenda, hacer coincidir los cuartos y coser con overlock, zigzag o falso overlock. Dar vuelta (fotos 261 y 262).

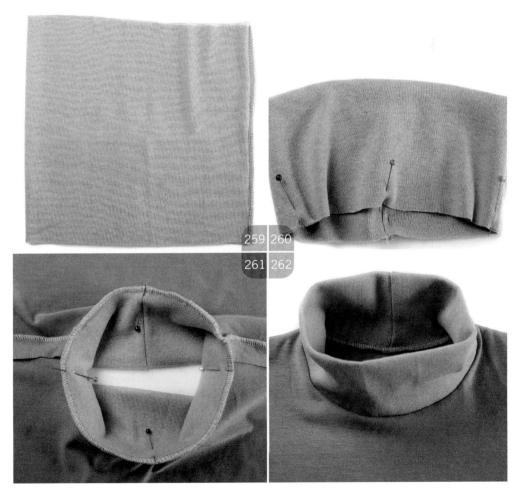

259 | 260
261 | 262

CAPÍTULO 9

MANGAS

81

as mangas constituyen una parte fundamental en el diseño de la prenda, y pueden ser de diferentes estilos:

- Ajustadas, que otorgan un aspecto elegante.
- Amplias, que son más informales.
- Raglán, que por sus bocamangas amplias son ideales para abrigos.

Japonesas, que son indicadas para telas con elasticidad, a fin de que no limiten el movimiento de los brazos.

Los tres primeros modelos parten de la manga base, y se pueden coser antes o después de cerrar las costuras laterales.

Cómo pegar una manga sin cerrar las costuras laterales

Paso 1: Embeber la copa; para esto pasar una costura recta con puntada larga, unos 8 cm hacia cada lado del centro de la copa. Tirar uno de los hilos embebiendo (sin fruncir). Esto provocará una mejor adaptación. Hacer coincidir el centro de la copa de la manga con el centro de la sisa, y sujetar con 3 alfileres. Hacer lo mismo con los extremos de la copa y sisas, sujetar y luego acomodar el espacio entre estos dos puntos. Hilvanar. Coser a 1 cm de borde, para no perjudicar una buena caída (foto 263).

Paso 2: Sacar el embebido, dar vuelta y luego coser el bajomanga y los laterales (foto 264).

263

264

MANGA RAGLÁN

Es un tipo de manga amplia y cómoda, ideal para abrigos, porque deja espacio para llevar ropa debajo. Puede estar compuesta por dos piezas o por una pieza (con pinza en telas planas y sin pinza en telas de punto). Las mangas se pueden unir antes o después de cerrar los laterales.

Manga raglán de dos piezas

Paso 1: Enfrentar derechos, coser bajo mangas y parte externa del brazo. Piquetear (foto 265).
Dar vuelta del derecho (foto 266).
Paso 2: Ubicar la manga en la sisa, enfrentar derechos, hilvanar y coser. Realizar cortes en los sectores curvos de la sisa (foto 267).

265 | 266
267

83

Vista interna

Existen prendas en las cuales no se colocan mangas y su terminación de bocamanga puede ser con vista interna. Para darle una mayor firmeza, se le debe colocar entretela a la vista.

Paso 1: Coser los hombros y los laterales, tanto de la prenda como de la vista (entretelada) por separado. Enfrentar la vista con la sisa, dejando los derechos hacia adentro, es decir, enfrentando los derechos. Hilvanar haciendo coincidir las costuras del hombro y del lateral, completando el contorno. Coser a máquina y realizar cortes en las partes curvas internas (foto 268).

Paso 2: Plegar la vista hacia el revés de la prenda, realizar un hilván a 1 cm del borde y otro en el borde exterior con doble doblez. Coser a mano con puntada invisible o a máquina (foto 269 y 270).

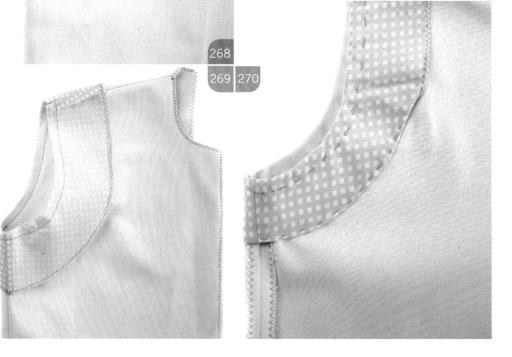

268

269 270

MANGA JAPONESA

La manga japonesa es un tipo de manga en la que el cuerpo de la prenda y la manga son cortados en una sola pieza, por lo tanto siempre se producirá un efecto de pliegue debajo de la axila. Es recomendable utilizar tela de punto, para dar mayor facilidad de movimiento al brazo.

Paso 1: Enfrentar los derechos (espalda y delantera) de la prenda y coser hombros y laterales (foto 271).

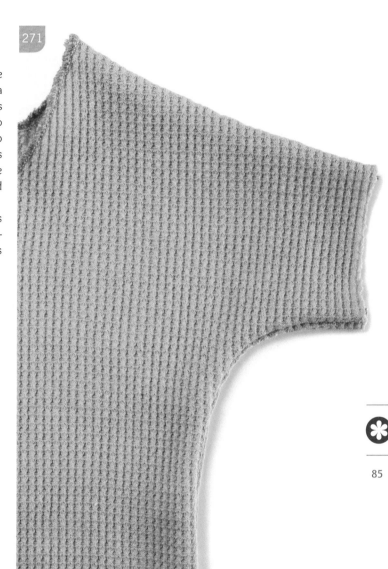

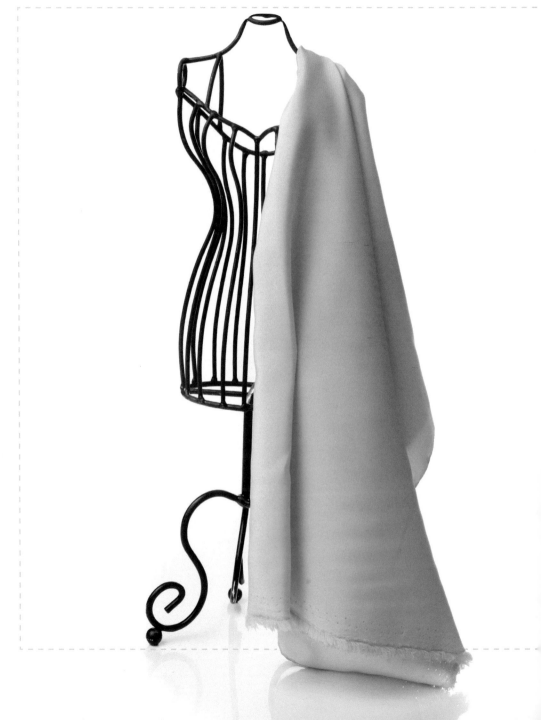

CAPÍTULO 10

PUÑOS

Hay varios modelos de puño. Algunos necesitan una abertura en la parte inferior de la manga, para poder pasar la mano con facilidad y luego ajustar la muñeca con un botón. Si se desea mayor rigidez, deben llevar entretela.

En algunos casos es conveniente dejar sin coser el lateral de la manga, para trabajar con comodidad.

El tajo o abertura en una manga se realiza en el centro posterior de la manga, en forma perpendicular al puño.

Puño con doble cartera

A cada lado de la abertura se encuentra una banda de tela que da la terminación.

Paso 1: Realizar un hilván de marca en el lugar donde se desee hacer el tajo (8 cm de alto). Cortar 2 tiras de género: una de 3 x 10 cm y otra de 5 x 12 cm (con entretela). Colocar la primera sobre el derecho de la manga, haciendo coincidir el borde de este género con el hilván de marca que indica la abertura. Hilvanar a 1 cm del borde. Repetir lo mismo con la otra tira en el revés de la manga, sobre el borde opuesto. Coser a máquina las dos tiras por la línea de hilván. Cortar por la marca para la abertura hasta 1 cm antes de su finalización y efectuar dos pequeños cortes en ángulo, hasta 2 mm antes de la costura de máquina (foto 272).

Pasar al revés por la abertura la tira de tela ubicada del derecho de la manga; queda así en el borde un vivo de 1 cm, correspondiente a la costura que ha quedado en su interior. Realizar un doble doblez y terminar a máquina o a mano (foto 273).

Paso 2: Pasar por la abertura, hacia el derecho de la manga, la tira de tela ubicada del revés; dejar un vivo de 2 cm que formará la cartera. Hilvanar los 2 cm de cartera que exceden el largo de la abertura; doblarlos en forma recta. Hilvanar y luego coser a máquina (foto 274).

272 273

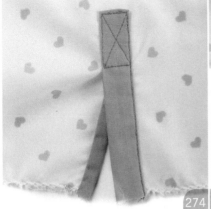

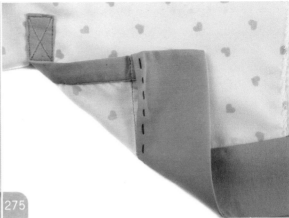

274 | 275

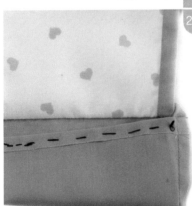

276

Paso 3: Unión del puño. Cerrar los bajomangas. Doblar el puño por la mitad y planchar. Realizar un doblez de 1 cm, por el borde largo que no tiene entretela. Enfrentar derechos y coser los extremos, quedando formado un escalón entre los bordes largos.

Enfrentar derechos de puño y manga, haciendo coincidir el extremo del puño con el borde de la cartera de la manga; hilvanar y coser (foto 275).

Ocultar el excedente de costura, cubriéndola con la otra mitad del puño y terminar a mano (foto 276).

Planchar y colocar botones (foto 277).

277

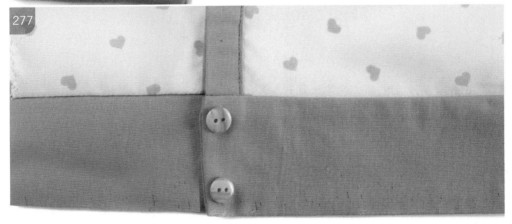

Puño con vuelco y forma

Este puño debe respetar la forma de la manga y llevar en su interior entretela, en ambas caras (foto 278).

Paso 1: Enfrentar derechos y coser todo alrededor, dejando libre el borde inferior. Dar vuelta, hilvanar, planchar y pespuntear si se desea (foto 279).

Colocar el puño sobre la manga e hilvanar. Ubicar la cinta al bies sobre lo obtenido anteriormente, haciendo coincidir los bordes libres y realizando un pequeño doblez al iniciar. Coser todo el contorno (foto 280).

Dar vuelta el bies y coser a mano o a máquina (foto 281).

278

279

280 281

Puño fruncido

Tiene una jareta por donde pasa el elástico y un volado en el borde.

Paso 1: Se forma doblando hacia el revés 7 cm el borde de la manga, por lo tanto se debe cortar en espejo. Realizar un doblez de 1 cm en el borde e hilvanar. Efectuar dos costuras paralelas, una en el borde y otra a 3 cm de la anterior, dejando una abertura para pasar el elástico con un alfiler de gancho (foto 282).

Paso 2: Fruncir a gusto y coser los extremos del elástico. Luego, con puntada invisible, coser la abertura de la prenda (foto 283).

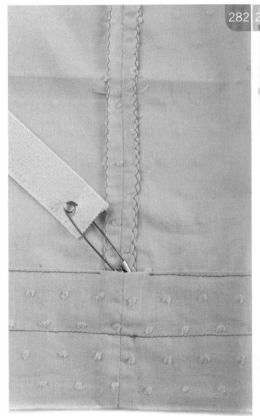

282 | 283

CAPÍTULO 11

TABLAS,
alforzas y frunces

TABLAS

Son pliegues de tela que se emplean para adornar faldas, vestidos, pantalones y blusas.

Según el sentido que tomen, las tablas pueden ser de tres tipos: tradicionales, encontradas o invertidas. Pueden estar sujetas sólo en la parte superior, y estar cosidas por el revés o también con una costura visible. La profundidad de cada tabla puede ser de 3 a 7 cm. Para ello hay que tener en cuenta, que se requiere en el molde, una cantidad de tela que se multiplica por 3 a ese tamaño.

Las tablas siempre deben ajustarse siguiendo el hilo de la tela. Las telas con poliéster harán que el tableado tenga mayor durabilidad.

Cómo formar las tablas tradicionales

Paso 1: Sobre la tela, respetando el hilo, marcar líneas paralelas a la distancia deseada (por ejemplo 3 cm). Hacer un hilván de color rojo sobre todas las líneas que formarán el quiebre de las tablas. Realizar un hilván de color azul sobre las líneas que formarán el doblez interno de las tablas, y otro hilván en color amarillo sobre las líneas de ubicación.

Con el derecho hacia arriba, plegar la tela por la línea de quiebre, haciéndola coincidir con la línea de ubicación. Sujetar. Repetir tantas veces como sea necesario.

planchar con un paño húmedo sobre el derecho de la tela y no mover la tela hasta que esté completamente seca (foto 284).

Retirar los hilvanes (foto 285).

Tipos de tablas encontradas e invertidas

Esta tabla tiene un pliegue a cada lado de la línea central. Pueden ser encontradas (foto 286) o invertidas (foto 287).

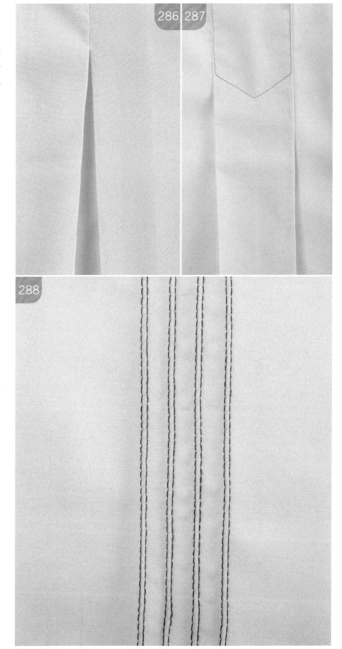

FALSAS ALFORZAS

Se utilizan para decorar cualquier tipo de prendas, sobre todo femeninas.

Para realizarlas a máquina se debe utilizar la doble aguja. Enhebrar dos hilos en la parte superior de la máquina de coser y la bobina, colocarla como se hace generalmente. Cambiar la tensión, para que la alforza se eleve uno o dos milímetros y en caso de tener el pie para este trabajo, colocarlo en el prensatela.

Realizar tantas costuras paralelas como indique el diseño.

Planchar del revés, sobre una superficie blanda (foto 288).

FRUNCES

Se los puede utilizar para adornar la prenda o para realizar algún ajuste en ella. Si se desea un fruncido suave, será necesario el doble de tela del ancho definitivo que se desee. Para un frunce más tupido, será necesario el triple de tela que el ancho definitivo que se requiera.

La parte que se fruncirá se debe dividir por cuartos, al igual que el sector al que se unirá (tela sin frun-

ce), de manera que los pliegues queden repartidos uniformemente.

Paso 1: Sector para fruncir. En la máquina de coser pasar dos costuras paralelas (cerca del borde) con costura recta, en el largo máximo de la puntada, con un color contrastante y sin atracar ni anudar en los extremos (foto 289).

Tomar dos hilos superiores (durante todo el trabajo deben ser los mismos hilos, de un extremo o del otro, para evitar que se atasquen) y fruncir suavemente en forma pareja (foto 290).

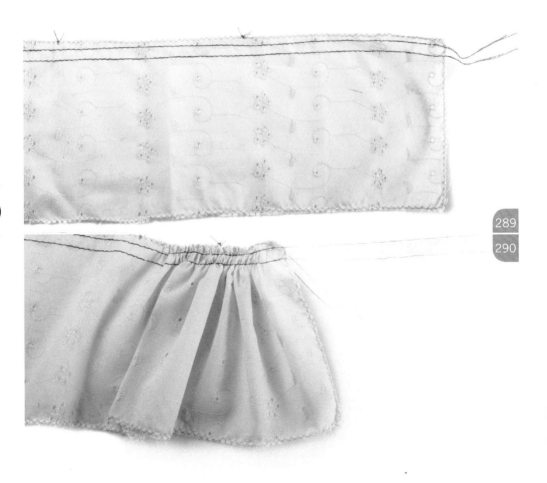

289
290

Paso 2: Dividir en cuartos la tira fruncida (foto 291). Cuando los cuartos coincidan, entre el sector para fruncir y el sector al que se unirá, enfrentar ambos derechos, sujetar y coser en el medio de ambas costuras, colocando el largo de puntada y tensión de la máquina de manera habitual (foto 292).

Para retirar los hilvanes de frunce, siempre tirar de los hilos superiores, caso contrario se contraerá la costura de tal manera que se dificultará su retirada (foto 293).

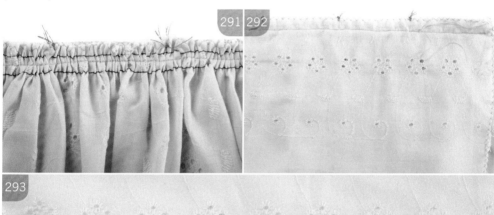

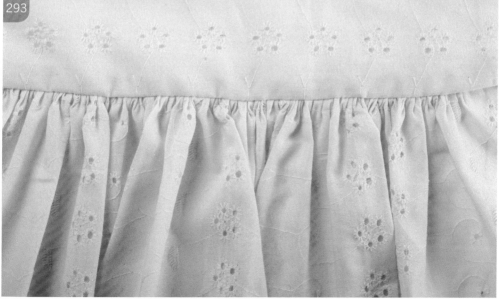

ELASTIZADO

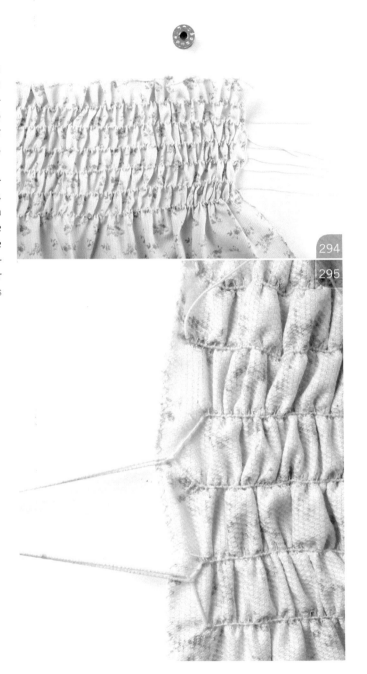

Son frunces realizados a máquina con cordón elástico. Este cordón se coloca en la bobina de la máquina manualmente, ajustando sólo un poco. El hilo superior debe ser de algodón y poliéster, ya que tiene mayor resistencia.

Paso 1: Marcar sobre la tela las líneas por donde se desea elastizar. Se cose con el derecho de la tela hacia arriba. Es recomendable utilizar puntada zigzag, de este modo el elástico quedará encerrado entre las puntadas. Anudar los hilos en los extremos (fotos 294 y 295).

294
295

VOLADO CIRCULAR

Es un tipo de volado en el cual el borde externo tiene un recorrido mayor que el interno; queda sin frunce en la unión interna con la prenda y con una ondulación en todo el borde externo.

Es ideal para aplicaciones con recorrido horizontal, por ejemplo volados en los puños de camisas.

Cómo calcular el volado circular

Tomar la medida del lugar donde se desee colocarlo (por ejemplo, el recorrido de un puño es 20 cm) y dividirlo por 3,14. El resultado indicará el diámetro. Luego agregar el ancho de volado deseado.

Medida de aplicación % 3,14 = diámetro

20 cm % 3,14 = 6,3 cm

Paso 1: Una vez obtenido el diámetro, realizar un círculo en papel y agregar el ancho del volado deseado. Marcar con color el margen de costura, tanto en la orilla interior como en la exterior del círculo (foto 296).

Paso 2: Enfrentar derechos y coser a 1 cm del borde, sin fruncir. Tener en cuenta que el recorrido interno se estirará debido al bies que se forma. Si es necesario, realizar cortes en las curvas (fotos 297 y 298).

296

297

298

VOLADO CARACOL

Este tipo de volado es ideal para aplicar en forma vertical, por ejemplo tajos en faldas largas. Realizar el molde en un papel y luego cortar la tela y el papel juntos.

Cómo hacer el corte caracol

Paso 1: Sobre un papel trazar dos líneas en cruz. Dibujar el número 6 en el centro del papel. Tener en cuenta que la distancia creada entre el extremo superior del 6 y el círculo (línea verde) formará el ancho del volado (foto 299).

Continuar realizando el caracol tanto como sea necesario, manteniendo siempre igual distancia (foto 300).

Paso 2: Una vez realizado el molde, colocarlo sobre la tela y sujetar con alfileres para que no se deslice. Cortar ambas piezas juntas hasta al centro del caracol o sea hasta llegar al número 6 (foto 301).

Descartar el número dejando el centro vacío (foto 302).

Estirar la pieza cortada y retirar el papel. De este modo al estirar uno de los bordes, la parte inferior, libre, formará el volado (fotos 303 y 304).

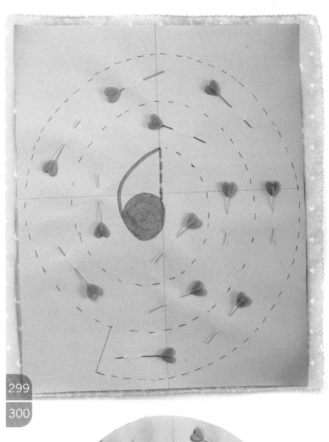

299

300

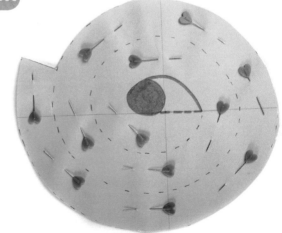

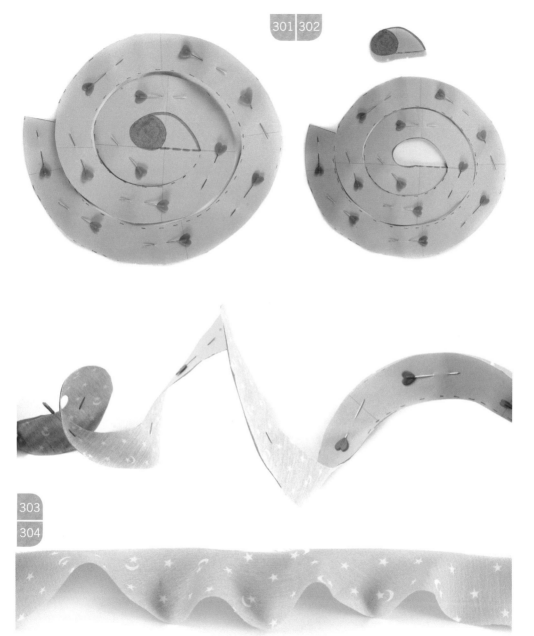

303
304

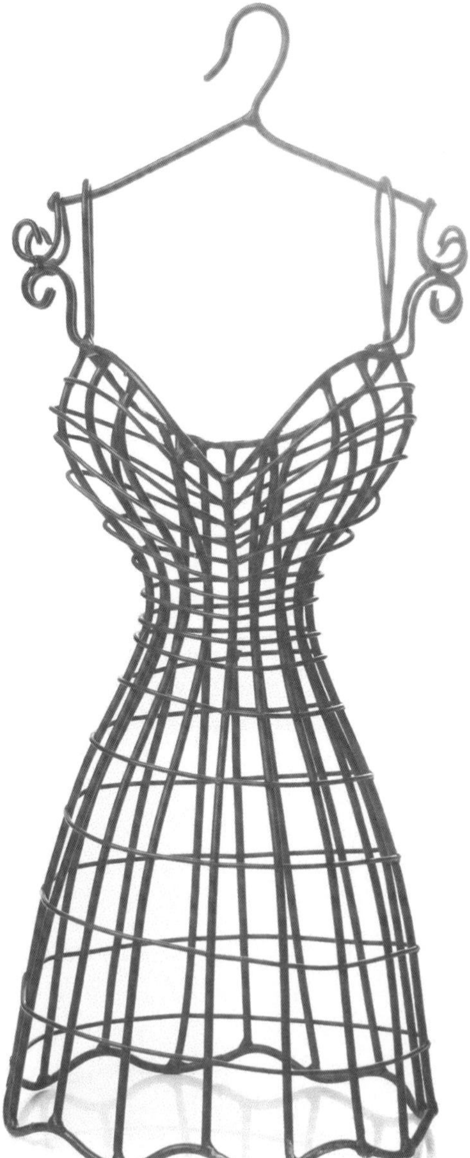

ESCOTES

os escotes son una de las piezas más importantes de la prenda, ya que enmarcan el rostro y el cuello. Pueden presentar diferentes estilos y complejidad. Para trabajar con mayor comodidad, es recomendable realizarlos cuando la prenda sólo tenga unido los hombros.

Escote con vivo de bies

Paso 1: Cortar una cinta al bies (véase capítulo 3, foto 108) y enfrentar los derechos del bies con la prenda, dejando 2 cm de sobrante de bies en ambos extremos. Hacer coincidir los bordes y coser por la línea de plancha del bies (1 cm del borde). Llevar el bies hacia el revés y sujetar con alfileres, tomando como guía la costura anterior. Coser a mano con costura invisible (fotos 305 y 306).

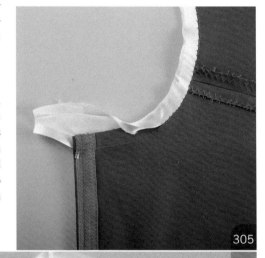

305

306

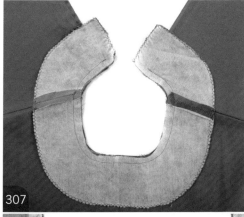

307

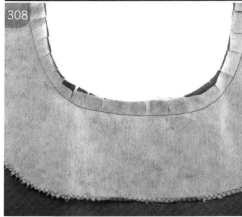

308

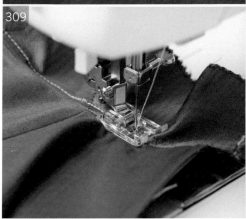

309

Escote con vista interna

Está formado por una vista que se corta respetando la misma forma del escote delantero y el trasero, por 5 cm de ancho más 1 cm para costura en el hombro.

Paso 1: Para realizarlo, enfrentar los derechos del escote de la prenda y de la vista. Sujetar, dejando sobrante de 1 cm en ambos extremos. Coser a pie de máquina. Hacer cortes en sectores curvos. Dar vuelta hacia el revés y planchar (foto 307).

Paso 2: Realizar una costura sobre la vista y sobrante de costura, que quedará escondida. esto ocultará la vista en el borde terminado (fotos 308 y 309).

Paso 3: Terminar a mano, sujetando la vista sólo en las uniones de costura, como los hombros y los laterales (foto 310).

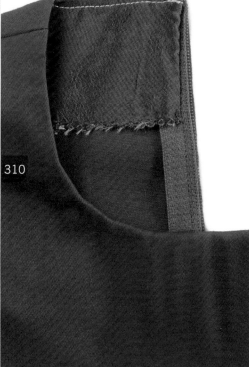

310

Escote en "V" con vista

Paso 1: Enfrentar el derecho de un rectángulo de tela con el revés de la delantera. Coser a pie de máquina. Realizar dos cortes en la unión del escote. Recortar por la misma línea de los hombros y por el borde del escote el excedente de tela (fotos 311 y 312).

Paso 2: Dar vuelta hacia el derecho y planchar. Dar el ancho deseado al escote en V más 1 cm para doblez interno. Hilvanar y coser (fotos 313 y 314).

Cartera de dos piezas en la prenda

Paso 1: En el centro de la delantera dibujar una línea cuyo largo sea el deseado para la cartera en la prenda. Entretelar la mitad de dos tiras, que debe ser 4 cm más largas que la cartera x 6 cm de ancho.

Enfrentar los derechos de las tiras con el derecho de la cartera, coser a 1 cm del borde haciendo coincidir los bordes entretelados de las carteras (foto 315).

Cortar la línea central hasta 1,5 cm de la marca de la cartera y desde ese punto las diagonales hasta la línea (foto 316).

Paso 2: Doblar a 1 cm el borde de ambas tiras e hilvanar (foto 317).

Doblar una de ellas por la mitad, sujetarla y pasar su parte inferior hacia el revés (foto 318).

Paso 3: Realizar lo mismo en la otra tira.

Coser por el revés solo ambas bases de las tiras y el triángulo formado por las diagonales (foto 319). Realizar ojales y colocar botones (foto 320).

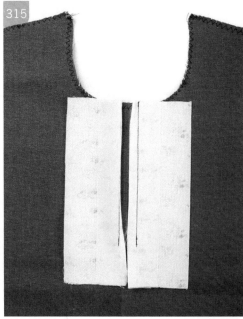

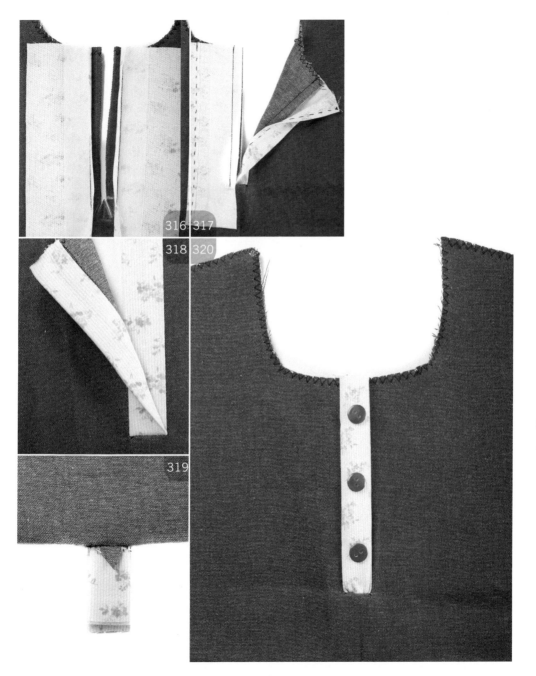

316 317
318 320

319

ÍNDICE

Capítulo 4
ACCESORIOS

Capítulo 5
BOLSILLOS

Capítulo 6
CIERRES